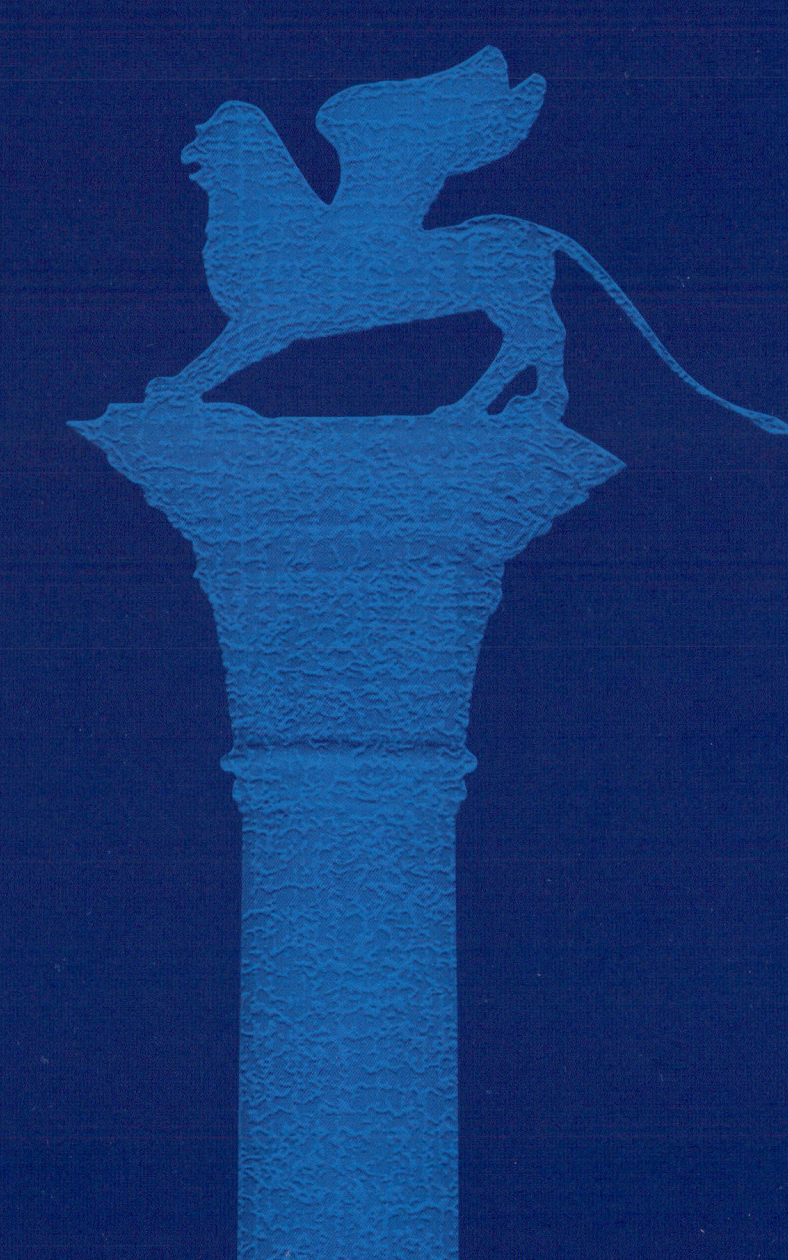

VENEDIG

Bilder von Max Galli

Texte von Klaus Hillingmeier

Weltbild

Erste Seite:
„Venedig ist ein magischer Ort, wo die Tauben gehen und die Löwen fliegen", schrieb der Regisseur Jean Cocteau über seine

Begegnung mit der Stadt. Auf Gassen und Plätzen beschwören Abbilder des geflügelten Löwen den Schutz des Evangelisten

Markus für die Kommune und sind zugleich ein Symbol für die Macht und Herrlichkeit der Republik.

Vorherige Seite:
Für Napoleon war er der „schönste Salon Europas". Über 400 Jahre dauerte es, bis die „Piazza San Marco"

in ihrer Vollkommenheit erstrahlte. Im Sommer streiten sich die Besucher und die Tauben um die

Vorherrschaft über den Platz. Erst die Winterkälte schenkt den Venezianern ihre geliebte Piazza zurück.

Inhalt

La Serenissima –
Aufstieg und Fall der Seerepublik

Seite 12/13:
Wenn der Abend wie ein seidener Schleier auf Venedig sinkt, verwandelt sich der Canal Grande. Alle Betriebsamkeit, verlässt die Wasserstraße, die Bootsmotoren verstummen und eine tiefe Ruhe legt sich über das Wasser. Dann locken die Lichter der Paläste und die Stadt will verführen ...

Rechts:
Winterliches Nocturne am Rio dei Bacino. Im Januar liegt die Durchschnittstemperatur in Venedig gerade einmal bei 6 Grad und eine unangenehme Feuchtigkeit macht sich überall breit. Trotzdem ist für viele Venedigliebhaber der Winter die schönste Jahreszeit.

„Eine Stadt, die reich ist an Gold, aber reicher noch an Ruf und Namen, die mächtig ist an militärischer und wirtschaftlicher Kraft, aber noch mehr durch Bürgertugend, die auf festen Marmor gegründet ist, aber noch sicherer auf der festen Grundlage unangreifbarer Eintracht ihrer Bewohner; und die, besser als durch das Meer, durch die Klugheit und Weisheit ihrer Söhne beschützt und beschirmt wird.“ Francesco Petrarca

Venedigs ruhmreiche Geschichte aber beginnt im Chaos. Als in den dunklen Jahrhunderten nach dem Untergang Roms sich Goten, Hunnen und Langobarden wie Schakale um den Kadaver des Imperiums rissen, bot die Lagune den Menschen Sicherheit und Zuflucht. Gleich Wasservögeln in ihren Nestern, so ein Chronist jener wirren Zeit, hätten die Veneter ihre Behausungen in der Lagune errichtet. Doch aus dem brackigen Wasser der Lagune erwächst eine neue politische Ordnung, als 726 die Veneter Orso Ipato zu ihrem Anführer wählen und ihm den herzoglichen Titel eines Dogen verleihen. Die ersten Dogen übernahmen kein leichtes Amt. Kaum war das Reich der Langobarden zerfallen, da warfen schon die Franken und die Byzantiner begehrliche Blicke auf die Lagune. In dieser für Venedig so riskanten Periode landen zwei Kaufleute im Auftrag des Dogen einen brillanten Coup. Unter fragwürdigen Umständen „erwerben“ sie im Jahre 829 in Alexandria die Gebeine des Heiligen Markus und schmuggeln sie unter unreinem Schweinefleisch versteckt durch den arabischen Zoll. Der Besitz dieser einzigartigen Reliquien erhöhte nicht nur das Prestige des Dogenamtes, sondern schenkte darüber hinaus mit der Basilica di San Marco der Lagune ihr unbestrittenes Zentrum. In den folgenden Jahrhunderten vollzieht sich Venedigs unaufhaltsamer Aufstieg zur abendländischen Großmacht. Seit dem 11. Jahrhundert beherrschen venezianische Schiffe weite Teile der

Adria und selbst Byzanz muss nun gelegentlich um Flottenunterstützung bitten. Im 12. Jahrhundert sind es dann der Kaiser Friedrich Barbarossa und der römische Papst Alexander III., die um die Gunst des Dogen buhlen.

Kein Doge offenbarte Venedigs unbändigen Willen zur Macht deutlicher als der greise und halbblinde Enrico Dandolo. Angetrieben von einem tiefen Hass gegen Byzanz wiegelt er listenreich die Führer des vierten Kreuzzuges gegen Konstantinopel auf. Im Jahr 1204 wird die Metropole der östlichen Christenheit von den Kreuzfahrern geplündert. Dabei wechseln nicht nur die Kirchenschätze und weltlichen Reichtümer Ostroms den Besitzer, sondern auch ganze Inseln, wie Korfu oder Kreta, fallen an Venedig. Dandolos Triumph hatte das Tor zum Orient aufgestoßen. Venedig kontrollierte nun weitgehend den lukrativen Handel mit den exklusiven Luxusgütern des Ostens, und mit den Schiffsladungen von Pfeffer, Ingwer, Seide und Damast kam ein märchenhafter Reichtum über die venezianischen Kaufleute. Es ist die Zeit von Marco Polo und seiner erstaunlichen Reise ins Großreich der Mongolen. Die Zeit seine Erlebnisse aufzuzeichnen, fand Marco Polo allerdings erst 1298 als Kriegsgefangener in einem genuesischen Kerker, wo er seine Erinnerungen seinem Zellengenossen Rusticello diktierte.

Damals war Genua ein gefährlicher Konkurrent um die Herrschaft im Mittelmeer. Erst nach Jahrzehnten des Kampfes sollte es 1380 den Flotten unter dem Markusbanner gelingen, auch diesen Rivalen niederzuwerfen. Die Adelsrepublik ist auf dem Höhepunkt ihrer Macht und aus dem Fischerdorf der Völkerwanderungszeit war La Serenissima (die Durchlauchtigste) geworden. Die hintergründige Ironie der Geschichte wollte es, dass ausgerechnet ein Genuese das Signal zum Niedergang Venedigs gab. Als 1492 Kolumbus die Neue Welt entdeckte, verloren die alten Handelsrouten im Mittelmeer rapide an Bedeutung. Schon bald kontrollierten Seefahrernationen wie Spanien, Portugal oder England den Welthandel. Zugleich etablierte sich im östlichen Mittelmeer mit dem osmanischen Reich eine neue Großmacht. Im Jahr 1669 fällt nach 25-jährigem Kampf das venezianische Kronjuwel Kreta in die Hand des türkischen Gegners. Die zahlreichen toten Söldner konnte Venedig verschmerzen, die enormen Kriegskosten von 130 Millionen Dukaten aber ruinierten den Staat.

Im 18. Jahrhundert ist Venedig eine Randfigur im Spiel der großen Mächte und La Serenissima verkommt zur vielbesuchten Kurtisane. Aus ganz Europa strömen Reisende in die Stadt Casanovas, süchtig nach Karneval, Theater und dekadenten Ausschweifungen. 1797 setzt Napoleon dem frivolen Treiben ein jähes Ende. Die Revolutionsarmee okkupiert Venedig. Unter Tränen legt der 119. Doge, Lodovico Manin, sein Amt nieder. Selbst der Karneval wird per Dekret verboten. Ein trauriges Verbot, das auch bestehen bleibt, als nach dem Wiener Kongress Habsburg die Erbfolge des Korsen antritt. Fünfzig Jahre weht der verhasste Doppeladler über dem Dogenpalast, bis 1866 Venedig im neuen italienischen Nationalstaat aufgehen kann.

Die beiden Weltkriege haben Venedig verschont, die Industrialisierung blieb aber nicht ohne Folgen. Die mächtigen Anlagen im Hinterland Venedigs verschmutzen nicht nur Luft und Wasser, sondern sind zudem für das allmähliche Absinken der Stadt mitverantwortlich. Aus der schützenden Lagune ist eine Bedrohung für Venedig geworden.

Der schönste Salon der Welt

Kein Platz der Welt kann sich mit der Piazza San Marco messen. In einer architektonischen Symphonie verbinden sich Dogenpalast, Markusdom, Campanile, Uhrenturm, Prokuratien und Münze zu einer berauschenden Komposition. In stolzer Würde erträgt die Piazza den sommerlichen Rummel der Besucherströme und Taubenschwärme, an nebeligen Wintertagen aber nistet sich der alte Traum von der Größe Venedigs zwischen den Steinen ein.

Jahrhunderte lang – unerschütterlich auch in schlimmsten Pest- und Kriegszeiten – wachte der 95 Meter hohe Campanile über die Lagunenstadt. Voller Respekt nannten die Menschen den Turm ihren „Hausherren". Dann wurden seine Steine der Zeitläufte müde und fielen am 14. Juli 1902 in sich zusammen. Sofort begannen die Venezianer mit dem Wiederaufbau und Papst Pius X. ließ es sich nicht nehmen, die Glocken zu stiften. Im Norden der Piazza liegt der Torre dell' Orologio. Seit dem 15. Jahrhundert schlagen die zwei Mohren auf dem die Dach die Stunde. Neben dem Uhrenturm liegen die ehemaligen Wohn- und Arbeitsräume der Prokuratoren von San Marco. In den Händen dieser hochangesehenen Beamten lag früher die Verwaltung des umfangreichen Besitzes der Staatskirche. In den Räumen der Neuen Prokuratien, im Süden der Piazza, befindet sich heute die Mutter aller italienischen Kaffeehäuser, das Café Florian.

Als 1720 dieses Kaffeehaus seine Türen öffnete, trug es noch den pathetischen Namen „Die triumphierende Venezia". Die zahlreichen Besucher aber verabredeten sich schlicht beim Inhaber des Hauses, dem „Florian". Kein berühmter Besucher ließ sich das Florian entgehen und so verweist die Gästeliste stolz auf große

Namen wie Goethe, Byron, Thomas Mann oder Hemingway. Im 19. Jahrhundert mischte sich hier in den Kaffeeduft der Geist der italienischen Freiheit. Hingegen war das nicht weniger elegante Café Quadri auf der gegenüberliegenden Seite des Markusplatzes damals der Treffpunkt der habsburgischen Offiziere und Beamten. Die alte Münze, die Zecca, schließt den Platz zum Meer hin ab. Sechs Jahrhunderte wurde hier die venezianische Goldmünze, die Zechine, geprägt. Heute hüten die Gemäuer den größten Teil der rund eine Million Bände der Biblioteca Marciana.

Der Dogenpalast

Der bescheidene Vorgänger des riesigen Palastes war eine schlichte Holzresidenz der frühen Dogen, die noch ein Palisadenzaun schützen musste. Mit der Macht kam der Wille zur Selbstinszenierung und so legte 1340 der Rat der Venezianer den Grundstein zum spektakulären Neubau des Dogenpalastes. „Wie schön und prächtig in allem, was er birgt, wohl geschnittener Marmor über und über seine Front", schwärmt ein französischer Gesandter kurz nach der Fertigstellung. Wie schwerelos scheint der wuchtige Oberbau des Palastes auf den filigranen Säulenreihen zu schweben. Der Dogenpalast ist ein steinernes Hochamt, geschaffen zur Lobpreisung Venedigs. Wie durch ein Kirchenportal schreitet man in den Innenhof des Palastes. Doch keinen Heiligen stellt das Relief über der Porto della Carta dar, sondern den Dogen Francesco Foscari, der vor dem Markuslöwen kniet. Weiter führt der Weg zur Gigantentreppe mit den monumentalen Statuen der Götter Mars und Neptun, Symbol der unangefochtenen Herrschaft Venedigs zu Land und zur See. Im Schatten dieser Götter wurde der Doge gekrönt.

In der Residenz des Dogen schlug das administrative Herz der Adelsrepublik. Alle zentralen Institutionen des Staates waren hier beheimatet. In der Sala del Maggior Consiglio versammelte sich der Große Rat, jenes erlauchte Adelsgremium, das die Gesetze erließ sowie den Dogen und den Senat wählte. Die Gemälde des Saales von Veronese, Tintoretto und Bassano kennen nur ein Thema, den Triumph Venedigs. Neben dem Großen Rat verfügten auch der Senat, die Staatsanwälte, der Signoria genannte Staatsrat sowie der Rat der Zehn über eigene Amtsräume. Letztere Institution war bei den Venezianern besonders gefürchtet, denn der Rat der Zehn fungierte als staatliche Inquisition. Einmal denunziert, führte der Weg allzu rasch vom Dogenpalast über die Seufzerbrücke ins benachbarte Staatsgefängnis mit seinen berüchtigten Bleikammern.

Das Wunder von San Marco

Obgleich sich die Basilika von San Marco mit den erhabensten Kathedralen der Christenheit messen kann, war sie streng genommen nichts anderes als die Kapelle des Dogenpalastes, errichtet mit dem Ziel, den Gebeinen des Heiligen Markus ein würdiges Domizil zu geben. Der heutige Bau mit dem Grundriss eines griechischen Kreuzes stammt aus dem 11. Jahrhundert. Die fünf Kuppeln, die seine Silhouette orientalisch anmuten lassen, sind allerdings eine Zugabe aus späterer Zeit. Ängstlich pressen sich vier Figuren aus Porphyr an die Südfassade der Kirche. Die fromme Legende will in ihnen vier versteinerte Kirchendiebe sehen, doch ihre Prunkschwerter und vornehme Kleidung verraten die Statuen als Abbilder spätantiker Kaiser. Die berühmten Bronzepferde, die seit dem 13. Jahrhundert über dem Mittelportal der Westfassade von San Marco stehen, sind heute Kopien. Die kostbaren Originale hütet das benachbarte Markusmuseum. Die antiken Tierstatuen waren Beutestücke aus Konstantinopel, wo sie wahrscheinlich als Schmuck für die Rennbahn dienten. Der Innenraum der Basilika erstrahlt im Gold seiner Mosaiken. Die über 4000 Quadratmeter des Mosaikzyklus von San Marco bebildern die gesamte Heilsgeschichte. In der Vorhalle nehmen sie mit den Bildern der Genesis ihren Anfang, um im Gewölbe der Hauptkuppel mit der Himmelfahrt Christi ihren triumphalen Abschluss zu finden. Historisch interessant sind die Mosaiken im rechten Querschiff mit dem Wunder der Wiederauffindung des Heiligen Markus. Durch einen Brand des Vorgängerbaus der heutigen Basilika waren den Venezianern die Gebeine ihres Heiligen abhanden gekommen. Doch kaum war die neue Kirche 1094 fertiggestellt, als plötzlich ein sanftes Beben die Mauern erschüttert haben soll. Von einem Pfeiler löste sich darauf wundersam der Putz ab, um der erstaunten Menge die Gebeine ihres Staatsheiligen zu offenbaren.

Die Schatzkammern von San Marco bersten vor kostbaren Goldschmiedearbeiten und Elfenbeintafeln aus Italien und dem Orient, doch diese Kunstwerke verblassen vor der Pala d'Ora. Mitte des 14. Jahrhunderts schuf der Goldschmied Gianpaolo Buoninsegna diesen über drei Meter breiten Altaraufsatz und fügte ältere venezianische und byzantinische Emailplatten in sein Werk ein. 500 Edelsteine und unzählige Perlen füllen die Zwischenräume würdig aus.

Der Gondelhafen am Markusplatz ist der Inbegriff aller Venedig-romantik. Hesse und Rilke haben sie in ihren Gedichten besungen und selbst der große Spötter Mark Twain konnte sich dem Zauber der schwarzen Boote nicht entziehen: „Die venezianische Gondel ist so gelöst und anmutig in ihrer gleitenden Bewegung wie eine Schlange; ihr scharfer Bug und ihr Heck schwingen sich vom Wasser empor wie die Hörner einer Mondsichel."

Traumstraße aus Wasser

Bescheidenheit kennt der Canal Grande nicht. Er gleicht einem orientalischen Großfürsten, der mit kindlichem Stolz aller Welt den Reichtum seiner Juwelen und Perlen präsentiert. Wie ein Diadem bekrönt seit dem 16. Jahrhundert der Bogen der Rialtobrücke den Canal Grande. Die Konstruktion des Architekten Antonio da Ponte fraß einen ganzen Eichenwald, 12 000 Pfähle mussten in den schlammigen Boden gerammt werden, um den Fundamenten der Brücke den nötigen Halt zu verleihen.

Über 200 Paläste erheben die Wasserstraße zu einem einzigartigen Wörterbuch der Architektur, dessen Kapitel von der Gotik bis zum Barock reichen. Hinter den säulengeschmückten Schaufassaden lagen im Halbgeschoss die Speicher- und Büroräume der venezianischen Handelsaristokratie. Die stattlichen Wohnräume und Festsäle erstreckten sich im 1. Stock, dem sogenannten Piano nobile. Venedigs Paläste können zur Obsession werden. So vergaß der englische Kunsthistoriker John Ruskin ganz seine bezaubernde Frau, um nur noch für die Architektur zu leben. Seine monumentale Bestandsaufnahme „The Stones of Venice" wurde ein Meisterwerk, seine Ehe aber scheiterte.

Einer der ehrwürdigsten Vertreter der Gotik am Canal Grande ist die Ca'd'Oro (Das goldene Haus) aus dem 15. Jahrhundert, das heute die Galleria Giorgio Franchetti beheimatet. Früher waren die filigranen Säulen und Bögen, die wie kostbare Spitze die Fassade bedecken, teilweise vergoldet. Auftraggeber der Ca'd'Oro war Marino Contarini, Prokurator von San Marco. Barocker Schlussstein der venezianischen Palastarchitektur ist der Palazzo Rezzonico. Die Familie besaß einen sagenhaften Reichtum, dessen Einfluss bis in die Korridore der römischen Kurie reichte. 1758 bestieg ein Rezzonico als Clemens XIII. den Stuhl Petri. Die Säle des Palastes sind eines Königs würdig und ihre Gemälde stammen von den venezianischen Malerfürsten Tiepolo und Canaletto. 1889 starb im Palazzo Rezzonico der englische Dichter Robert Browning, dessen Sohn zeitweise Besitzer des Palastes war.

„Die Ruhe vor dem Sturm" – Morgenstimmung auf der Piazza San Marco. Heute ein großes Freiluftcafé, diente der Markusplatz in den glanzvollen Tagen der Adelsrepublik als Bühne für Staatsakte und Ballsaal für rauschende Feste. Im Karneval diente der Platz sogar zeitweise als Arena, wenn man beim „Fest der Stiere" zur Volksbelustigung Kampfhunde auf Rinder hetzte.

Im Schattenreich des Ghettos

Zur strahlenden Grandezza des Canal Grande lässt sich kein schärferer Kontrast denken, als das Ghetto von Venedig. Nirgendwo sind die Häuser höher, die Wohnungen schmaler und die Gassen dunkler als im Ghetto. Der Name rührt wahrscheinlich von den Metallgießereien (Geto) her, die vorher in diesem Stadtteil in Betrieb waren.

Lange Zeit wurde den Juden jegliche Heimstatt in Venedig verwehrt, erst 1516 wurde ihnen gestattet im Bezirk des Ghettos Quartier zu nehmen – natürlich zu horrenden Mieten an die Christen. Tagsüber war es den Juden gestattet das Ghetto zu verlassen – gegen Gebühr. Nachts aber wurden die Tore des Ghettos verriegelt und auf den umliegenden Kanälen patrouillierten staatliche Wächter, deren Sold die Juden tragen mussten. Erst die französischen Revolutionstruppen Napoleons sprengten die Tore des Ghettos. Trotz all dieser Tristesse ging es den Juden in Venedig besser als den meisten ihrer Glaubensgenossen. Bis zum Holocaust blieb das Ghetto von Pogromen verschont und die Gläubigen konnten in mehreren Synagogen ihren religiösen Pflichten nachkommen. Heute ist die jüdische Gemeinde auf wenige hundert zusammengeschrumpft. Einblicke in die verlorene Lebenswelt der venezianischen Juden bietet das Museum zur jüdischen Geschichte in der Scuola Tedesca, der Synagoge der deutschen Landsmannschaft.

Von Gondeln und Galeeren

„So haben wir in unserer Stadt einen sonderbaren Ort, an welchem die Galeeren und andere Schiffe und all andere Kriegsrüstung gemacht werden."
In seiner Blütezeit im 16. Jahrhundert erstreckte sich das Arsenal auf über 25 Hektar und 16 000 Menschen fanden in den Werften und Werkstätten ihr Auskommen. Damals war der starke Arm der venezianischen Seemacht seine Galeeren, mächtige Ruderschiffe mit drei bis fünf Ruderreihen, die aber auch unter Segel fahren konnten. Bestückt waren die Galeeren mit schweren Kanonen im Bug und Heck sowie mit leichteren Geschützen an den Seiten. Bis 1755 diente dieser Schiffstyp in der Flotte.

Da Venedig weitgehendst auf den Einsatz von Galeerensklaven verzichtete, gebrach es oft an Mannschaften für die Ruderbänke. Weil die Führung der Schiffe nur dem Adel vorbehalten war, fehlten zudem auch Kapitäne und Kadetten. Ein altgedienter Seemann stand den Werkstätten als Admiral des Arsenals vor, doch es waren seine erfahrenen Werkmeister und Handwerker, die das technische Wunder vollbrachten, in Kriegszeiten täglich eine Galeere aus vorgefertigten Teilen zusammenzusetzen und vollständig auszurüsten.

Die hohe Kunstfertigkeit der venezianischen Schiffsbauer lebt bis heute in der Gondelwerft San Trovaso weiter. Der stolze Preis einer Gondel von 20 000 € hat seine Berechtigung: 280 Teile müssen zusammengefügt werden, um die zehn Meter lange Gondel zu fertigen. Die Seele der Gondel ist ihre Dole aus Nussbaum, die Forcola. Während der Rest der Gondel genormt ist, wird die Forcola in tagelanger Arbeit auf die Bedürfnisse des Ruderers maßgeschneidert. Ihre sargschwarze Lackierung hat die Gondel einer Bestimmung aus dem Jahre 1562 zu verdanken, als der Senat der übertriebenen Prachtentfaltung bei den Booten ein Ende setzen wollte. Die 400 diensttuenden Gondolieri sind in einer Gilde organisiert, die Einsatzort, Kleidung und Preise ihrer Mitglieder kontrolliert und neue Lizenzen verleiht. Zwar ist die Fahrt mit einem Vaporetto schneller und günstiger, doch einzig die Gondel findet den Weg ins Reich der Poesie: „Und über allem brütet jene geheimnisvolle Stille, die diesem alten, verträumten Venedig so gut ansteht."

San Polo

Kaum hat der Flaneur über die Rialtobrücke den Stadtbezirk von San Polo betreten, dringt ihm der Geruch des Fischmarktes in die Nase. Unter den neugotischen Arkaden findet der zoologisch Interessierte die ganze Vielfalt der Wasserkreaturen: Tintenfische und Krebse, Barben und Anglerfische sowie Muscheln in tausend Größen und Formen. Fisch ist mehr als nur ein unabdingbarer Bestandteil der venezianischen Küche. Jahrhundertelang war er das Brot der Armen und in keiner Stadt Italiens wurde früher mehr Fisch verzehrt als in Venedig. Am liebsten genießt der Venezianer seinen Fisch als Appetithäppchen (Cichetti) in einer Stehkneipe (Baccaro), begleitet von einem Glas Wein. Ombra – in den Schatten gehen – heißt diese Leidenschaft.

Trotz aller kulinarischen Verlockungen von San Polo sollte sich der Besucher Zeit für die Scuola Grande di San Rocco und die Kirche Santa Maria Gloriosa dei Frari nehmen. Der venezianische Volksmund nennt die Marienkirche des Franziskanerordens nur I Frari (die Brüder). Der Orden war in Venedig ungeheuer populär, denn als erste Kongregation kümmerten sich die Nachfolger des Franziskus intensiv um die untere Bevölkerungsschicht. Äußerlich eher unscheinbar, birgt die mittelalterliche Franziskanerkirche zwei Kunstwerke von Weltrang: Tizians monumentale „Himmelfahrt Mariens" und den Pesaro-Altar von Giovanni Bellini. Neben der Frari-Kirche erhebt sich der Renaissancebau der Scuola Grande di San Rocco. Die Scuole waren venezianische Institutionen zwischen religiöser Bruderschaft und Gilde. Da in der Adelsrepublik Bürger und Handwerker von der Macht ausgeschlossen waren, boten die Bruderschaften die Möglichkeit, in karitativen und sozialen Fragen am Staat zu partizipieren. Keine Bruderschaft konnte sich an Reichtum und Einfluss mit jener von San Rocco messen. 1485 war es ihren Mitgliedern sogar gelungen, in Südfrankreich die Gebeine ihres Namenspatrons zu erwerben. Die Mitglieder der Bruderschaft waren traditionell Färber und so verwundert es wenig, dass Jacopo Robusti alias Tintoretto (kleiner Färber) als Sohn eines Gildenmitgliedes den Auftrag für die Bilder der Scuola erhielt. Zwischen 1564-87 schuf Tintoretto 60 Gemälde, darunter sein meisterlicher Marienzyklus.

Das Sestiere Dorsoduro –
Die südliche Fassade Venedigs

In diesem Bezirk finden sich einige der interessantesten Bauten der Stadt. Die Kirche Santa Maria della Salute verdankt ihr Entstehen der Pest, Venedigs größter Geißel. Gegen Genuesen und Türken konnte man mit Galeeren kämpfen, gegen die Pest aber war man ohne himmlische Hilfe ohnmächtig. Bereits in den Jahren 1348 und 1576 hatte die Krankheit in den überfüllten Quartieren und feuchten Gassen der Stadt gnadenlos gewütet und ein Drittel der Menschen als Ernte eingefahren. Dann kehrte im Sommer des Jahres 1630 der Tod nach Venedig zurück. Über 50 000 Menschen raffte die Pest hinfort und in ihrer abgrundtiefen Angst flehten die Venezianer die Muttergottes um Erlösung an. Als dann im Herbst endlich die Epidemie ihre Kraft verlor, gelobte der Senat die Errichtung einer prächtigen Marienkirche am Canal Grande. Die Wahl des Architekten fiel auf den 33-jährigen Baldassare Longhena, der das Konzept eines achteckigen Zentralbaus als „würdige Krone für Maria" vorgeschlagen hatte. 50 lange Jahre führte Longhena die Bauaufsicht über Santa Maria della Salute und trotzdem sollte es ihm nicht vergönnt sein, ihre Vollendung zu erleben. Erst fünf Jahre nach seinem Tod wurde die Kirche geweiht.

Gondelhafen am Campo San Noisè, beim Hotel Bauer. Das Gesamtkunstwerk Venedig ist ein Mosaik aus über hundert Inseln, getrennt durch unzählige Wasserwege, verbunden durch 400 Brücken. Wie ein Netz durchziehen über 150 Kanäle die Markus-

stadt. Nur die großen Wasserstraßen bezeichnet der Venezianer als „Canale", alle kleinen Wasserwege nennt er „Rio". Schon lange haben die Wassertaxis (motoscafi) die Gondel als wichtigstes Transportmittel der Stadt verdrängt.

Im Bezirk Dorsoduro liegt zudem die weltberühmte Galleria dell'Accademia. Ursprünglich eine Kunstschule unter dem prominenten Präsidenten Giovanni Battista Tiepolo, wurde die Akademie im 19. Jahrhundert zu Venedigs schönstem Museum. Höhepunkt eines Akademiebesuchs sind die Gemälde der Erzväter der venezianischen Malerei: Bellini, Giorgione, Tizian und Tintoretto. Diesen Meistern gelang das Wunder, das einzigartige Licht der Lagune und seinen seidigen Glanz in ihren Bildern einzufangen. „Die Malerei der höchsten Augenlust" war geboren und selbst die Florentiner mussten voller Neid den „überirdischen Schmelz" dieser Bilder bewundern.

Eines der größten Rätsel der Kunstgeschichte ist Giorgiones Gemälde „Das Gewitter". Obgleich ein Blitz den Himmel erleuchtet, herrscht auf der Erde seltsame Ruhe. Und wundersam ergänzen sich Gegensätze zu einem göttlichen Gleichklang: Krieger und Mutter, Stadt und Land, Wasser und Feuer. Das Gemälde ist reine Philosophie.

Die Inseln des Palladio

Ihren Ruhm haben die beiden Inseln San Giorgio Maggiore und Giudecca dem Genie des Architekten Andrea Palladio zu verdanken. Palladios Erlöserkirche Il Redentore, 1577-92 nach schwerer Pestzeit auf der Insel Giudecca errichtet, ist versteinerte Dichtung zwischen antiker Strenge und christlichem Überschwang. Die klassizistische Tempelfassade verleiht dem Bau jene tiefe Würde, die mit dem Rhythmus der Nischen und Bögen des großzügigen Innenraumes prächtig harmoniert. Ihren großen Tag hat die Kirche am 3. Sonntag im Juli, wenn ganz Venedig mit dem Redentore-Fest die Erlösung von der Pest feiert.

Erst 1611, dreißig Jahre nach dem Tod ihres Schöpfers Palladio, wurde die Kirche San Giorgio Maggiore, auf der gleichnamigen Klosterinsel, verwirklicht. Seit 982 beteten und arbeiteten hier Benediktinermönche, deren Treue zu Rom sie immer wieder in Konflikt mit der Republik Venedig brachte. Mit der Wahl ihres Architek-

Nur klassische Masken sind im Café Florian gestattet, denn hier ist Venedigs Karneval vornehmer als die rheinischen Brüder. Seine Tradition ist aristokratisch, seine Musik klassisch und seine Gespräche kultiviert.

1797 wurde der Karneval von der französischen Besatzungsmacht verboten und es sollten fast 200 Jahre vergehen, bis der Straßenkarneval seine Wiedergeburt erlebte.

ten für den Neubau der Klosterkirche wollten sie daher ein Zeichen setzen. Denn wie kein zweiter Künstler war Palladio der römischen Tradition verschworen. Und so dienten ihm die lichten Thermenanlagen der antiken Kaiserstadt als Vorbild für den Innenraum der Kirche. „Je mehr man Palladio studiert, um so unglaublicher kommt einem des Mannes Genie vor", wird Goethe später in seiner „Italienischen Reise" notieren. Der Campanile der Kirche bietet ein Panorama, dessen Schönheit trunken macht: Der Blick schweift über die belebten Kanäle, erfreut sich dann am strahlenden Glanz der Kuppel von Santa Maria della Salute, um endlich im ewigen Wunder des Markusplatzes zu versinken. Abschied von der Lagunenstadt zu nehmen, scheint unmöglich. Schon längst hat Venedig in der Seele Wurzeln geschlagen: *„Ein Abschied, eine Flucht wie jede Abreise. Ich hinterlasse mich in Venedig. Ich bleibe hier in Venedig. Ich nehme Venedig mit mir ins Exil."*
Wolfgang Koeppen

Seite 26/27:
Im 18. Jahrhundert lockte der Karneval den gelangweilten Adel aus ganz Europa an die Lagune. Schon im Oktober begann das Maskentreiben und die prächtigen Bälle. 1740 wurde Goethe Augenzeuge der Tollheiten und Ausschweifungen: „Die ganze Stadt scheint jetzt in ihrem närrischen Wesen derart trunken und rasend zu werden, dass ich vor Staunen und Schrecken ganz starr bin."

Die Diva am Canal Grande

Nachts, wenn die Touristen in ihre Hotels zurückgekehrt sind, darf sich der Markusplatz ein wenig erholen. In Venedigs goldenen Jahren war das anders. Bis tief in die Nacht war der Platz ein vielbesuchter Treffpunkt für ganz Venedig. Und im schmeichelhaften Glanz der Lichter ging so manche Kurtisane ihrem Gewerbe nach ...

„Venedig! Und wahrhaftig, schwimmend auf dem stillen Meer, lag da eine große Stadt, deren Kastelle und Kuppeln und Kirchtürme im goldenen Dunst des Sonnenuntergangs schlummerten."

Venedig will behutsam erobert werden. Der Besucher sollte sich vom Wasser her nähern, denn nur auf diesem Weg kann er das Kunstwerk begreifen, eine prächtige Stadt auf den morastigen Grund einer Lagune zu betten. Venedig ist auf 118 Inseln errichtet, verbunden durch über 400 Brücken. Seine Paläste und Kirchen ruhen auf Eichenpfählen, die das salzhaltige Wasser über Jahrhunderte konserviert. Nur die großen Wasserstraßen der Stadt tragen den stolzen Titel „Canale", alle anderen bezeichnet der Venezianer als „Rio". Auch wenn seit 1846 eine Eisenbahnbrücke Venedig mit dem Festland verbindet, bleiben die Kanäle die wichtigsten Verkehrswege der Stadt. Jahrhundertelang behüteten die sanften Fluten der Lagune Venedig und waren der ewige Spiegel für die Schönheit seiner Kirchen und Paläste. Doch immer öfter zeigt das Wasser seine hässliche Fratze, wenn das Hochwasser (Acqua alta) in die Stadt strömt.

Das historische Zentrum (Centro Storico) der Stadt ist in sechs Bezirke gegliedert: San Marco, Cannaregio, Castello, Santa Croce, San Polo sowie Dorsoduro mit den beiden Inseln San Giorgio Maggiore und Giudecca. Seit Jahren sinkt die Zahl der Venezianer, die sich den Luxus leisten können, hier zu leben. Waren es nach dem Zweiten Weltkrieg noch 170 000 Menschen, so ist die Zahl der Einwohner mittlerweile auf 62 000 gesunken. Denn obgleich die Wohnungen oft eng und feucht sind, werden ruinöse Mieten verlangt. Den letzten Venezianern steht ein Heer von Besuchern gegenüber, das an Sommertagen bis zu 180 000 Köpfe zählen kann. Wahre Liebhaber aber wallfahren im Winter nach Venedig. Denn dann überzieht ein überirdischer Schmelz die Stadt und der alte Traum von La Serenissima kehrt zurück.

Rechts:
Stolz residiert das Symbol des Evangelisten Markus, der geflügelte Löwe, über der Basilika.

Rechts:
Die Kuppeln von San Marco
muten seltsam orientalisch
an. Sie wurden in einer
zweiten Bauphase erhöht,
damit sie über den
benachbarten Dogenpalast
herausragen konnten.

Unten:
Die Mosaiken über den
Portalen der Markus-
basilika erzählen die
Geschichte, wie die
Gebeine des Evangelisten
Markus nach Venedig
kamen. 828 war es zwei
venezianischen Kaufleuten
im Auftrag des Dogen
gelungen, die Reliquien
des Heiligen Markus in
Alexandria zu erwerben.
Unter unreinem Schweine-
fleisch versteckt, schmug-
gelten sie die Gebeine des
Evangelisten durch den
islamischen Zoll.

Seite 36/37:
Die orientalische Dachlandschaft des Markusdoms. Eine Reiseschriftstellerin bezeichnete deshalb die Basilika als einen mongolischen Vergnügungspavillon. Goethe hingegen verglich sie mit einem Taschenkrebs. Nicht nur der Grundriss der Kirche gleicht einem griechischen Kreuz, auch der Glanz seiner goldenen Mosaiken erinnert an Byzanz.

Seite 38/39:
Der Rhythmus des Markusplatzes wird von den Gebäuden der Prokuratien bestimmt, den Amtssitzen jener Beamten von San Marco, die den umfangreichen Besitz der Staatskirche verwalteten. Seine letzte bauliche Veränderung erfuhr der Platz durch Napoleon. Er ließ 1807 die Kirche gegenüber dem Markusdom abreißen, um sich dort einen Palast zu errichten, die Ala Napoleonica.

Unten:
Das Flair des abendlichen Markusplatzes begeisterte schon den deutschen Dichter Ernst Moritz Arndt: „Er ist wunderschön von den tausend Lichtern der Casini erleuchtet, die unter den Portiken der Prokuratorien zu beiden Seiten ihn umgeben. Alle diese wimmeln dann von Menschen, Männern und Weibern."

Rechts:
Auch wenn die Preise in den Cafés am Markusplatz stattlich sind, die abendliche Musik spielt auch für den kleinen Mann.

Seite 42/43:
Majestätisch thront der Dogenpalast an der Lagune, Monument aus den glanzvollen Tagen, als la Serenissima noch das Mittelmeer beherrschte. 1340 wurde der Grundstein für den gotischen Palast gelegt, doch mehrmals verzögerten Brände die Fertigstellung der Residenz. 1400 Skulpturen schmücken die Fassade: Fabelwesen und Tierkreiszeichen, römische Kaiser und antike Götter.

Links:

Sala del Maggior Consiglio im Dogenpalast. Die Größe und Ausstattung des Saales repräsentieren die enorme politische Bedeutung des Großen Rates. Das Adelsgremium wählte nicht nur den Dogen, sondern ernannte auch die zahlreichen Beamten der Stadt.

Unten:

Künstler wie Veronese, Tintoretto oder Tiepolo rissen sich um die lukrative Ehre, den Dogenpalast mit ihren Gemälden zu verschönern.

Ganz unten:

Seinen Namen verdankt der Sala delle Quattro Porte den vier marmorgefassten Türen. Hier hatten die Gesandten der ausländischen Könige und Fürsten zu warten, bis sie von den Vertretern der Republik empfangen wurden.

Für die Venezianer ist der Campanile der unbestrittene „Hausherr" des Markusplatzes und so traf es sie wie einen Schock, als 1902 ihr geliebter Turm in sich zusammenfiel. An der Markussäule vor dem Campanile wurden früher die Todesurteile vollstreckt, während der Campanile als Pranger missbraucht wurde. Verurteilte wurden in einem Käfig der gaffenden Menge zur Schau gestellt.

Wie feine Spitze schmücken die filigranen Säulenreihen den Dogenpalast. Doch hinter den verzierten Mauern herrschten kalte Machtgier, Verrat und Intrige, wenn es galt, die Interessen Venedigs durchzusetzen.

Das Ziffernblatt am Uhrenturm zeigt nicht nur die Uhrzeit an, sondern informiert darüber hinaus über die Bewegung der Planeten und Sterne. Auf dem Dach des Turmes schlagen die Figuren zweier Mohren den Venezianern die Stunde.

Der Innenhof des Dogen-
palastes wurde als
„Broglio" Garten bezeich-
net, denn hier befand sich
einst der Gemüsegarten
eines Klosters. Im Innen-
hof trafen sich die Sena-
toren und Beamten der
Republik zu inoffiziellen
Beratungen. Nicht selten
wechselten dabei große
Summen den Besitzer und
so wurde „Broglio" ein
venezianisches Synonym
für Bestechung.

Relief an der Porta della
Carta (Tor der Papiere),
dem Eingang zum Dogen-
palast, wo Gesetze
verlesen und Bittgesuche
entgegengenommen wur-
den. Ehrfürchtig kniet der
Doge Francesco Foscari
(1423-57) vor dem Markus-
löwen und symbolisiert
damit seine Unterwerfung
unter die Verfassung der
Republik.

Links:
Am frühen Morgen
befindet sich der Straßen-
kehrer noch ganz allein
auf der Piazza San Marco.

Unten, links und rechts:
Seitdem Doge, Senat
und großer Rat 1797 ihre
Macht verloren haben,
wird die Bühne der Piazza
San Marco von Komparsen
beherrscht.

Ganz unten :
„Es ist Fraß und sieht aus
wie Idyll." Venedigs
Tauben sind Legion und
eine Landplage für die
Baudenkmäler der Stadt.
Trotzdem werden sie von
den Touristen geliebt und
selbst viele Venezianer
können der Versuchung
nicht widerstehen, sie
zu füttern.

Seite 52/53
Zu Tausenden bevölkern die
Tauben den Markusplatz
und stürzen sich auf jeden,
der sie füttert. Mobile Ver-
kaufwagen bieten hierzu
Futtertüten an.

GESCHICHTEN VON LIEBE UND TOD

Venedig treibt in einem Meer der Geschichten. Unzählige Romane und Gedichte umfluten die Stadt an der Lagune und wie im Wechsel der Gezeiten schwanken die Werke zwischen überschwenglicher Sinnlichkeit und abgrundtiefer Trauer. Während der Melancholiker Hans Christian Andersen Venedig mit einem Schwan vergleicht, der tot auf dem Wasser treibt, empfindet der Genussmensch D'Annunzio die Stadt als gewaltige Verführerin, die alle menschlichen Wünsche anregt.

Venedigs eigentümlichste Ausdrucksweise ist die Commedia dell'Arte, ursprünglich ein improvisiertes Straßentheater mit oft rüden Anspielungen auf aktuelle Ereignisse. Erst Carlo Goldoni holte im 18. Jahrhundert Harlekin und seine Freunde von der Straße und verschaffte den populären Figuren eine feste Anstellung am Theater. Neben seinem „Diener zweier Herren" verfasste Goldoni 200 weitere Komödien, die mit feiner Ironie alle Schwächen seiner venezianischen Landsleute ausloten. „Unser Moliére" – so nannte ihn sein Zeitgenosse Casanova. Wie Goldoni fand auch Casanova für die unzähligen Possen seines Lebens – Komödiantensohn, Gelehrter, Hochstapler, Alchimist, Spieler und Verführer – im genusssüchtigen Venedig des 18. Jahrhunderts seine ideale Bühne. Am Anfang seiner Lebensbeschreibung steht die Begegnung des kränkelnden Kindes mit einer heilkundigen Zauberin in Murano. Es

folgen juristische Studien in Padua und erste Schritte in eine geistliche Karriere. Doch dann legt Casanova seinen geistlichen Talar ab und findet als Chevalier de Seingalt endlich die Rolle seines Lebens. Der „Ritter von eigenen Gnaden" durchstreift die Theater und Kasinos der Stadt und widmet sich dem Glücksspiel und der Liebe. 1755 endet das süße Leben abrupt, als ein Spitzel Casanova der Falschspielerei und Freigeisterei beschuldigt und ihn mit einem Schreiben ins berüchtigte Staatsgefängnis der Bleikammern befördert. Krank und dem Wahnsinn nahe lernt Casanova nun die dunkle Seite Venedigs kennen: „Mir wurde klar, dass ich mich an einem Ort befand, wo die Vernunft von der überhitzten Phantasie zum Opfer trügerischer Hoffnung oder grauenvoller Verzweiflung gemacht wurde." Doch dann glückt Casanova die spektakuläre Flucht aus den Gefängnis und seine legendäre Odyssee durch die europäischen Salons und Boudoirs beginnt ...

Unzählige ausländische Schriftsteller haben Venedig besucht: Goethe, Herder, Arndt, Shelley, Dickens, Fontane, Maupassant, Rilke, Hesse und Hemingway. Und immer erfüllten sie ihre Dichterpflicht, geistreiche Bonmots oder einfühlsame Gedichte über die Stadt niederzuschreiben.

Der Italiener Gabriele D'Annunzio fasste in melancholischer Poesie den spätherbstlichen Zauber Venedigs und die einzigartige erotische

Magie, die das Wasser der Stadt verleiht, in Worte. 1900 erscheint sein Roman „Das Feuer", der die Liebe zwischen dem jugendlichen Dichtergenie Stelio und der großen Schauspielerin Foscarina beschreibt: „Alle die Träume von Herrschaft, Wollust und Ruhm, die Venedig in ihren marmornen Armen einst gewiegt und dann erstickt hatte, alle erstanden wieder…" Der Roman löste bei seinem Erscheinen einen Skandal aus, denn in hemmungsloser Offenheit präsentiert D'Annunzio seine skandalumwitterte Liebesbeziehung mit Eleonora Duse. Man rät der Duse, den Roman zu verbieten, doch die Schauspielerin lehnt es ab: „Was bedeutet mein Leid, wenn es gilt, der Italienischen Literatur ein neues Meisterwerk zu schenken!"

1911 quartiert sich Thomas Mann im exklusiven Hotel „Des Bains" am Lido ein. Aus der Begegnung zwischen dem großbürgerlichen Hanseaten aus Lübeck und der morbiden Aristokratin von der Lagune erwächst eine literarische Frucht voll bitterer Süße – die Novelle „Der Tod in Venedig". Der tragische Held der Erzählung ist der Schriftsteller Gustav von Aschenbach – unverkennbar ein literarisches Spiegelbild Thomas Manns – der in einer Krise aus München nach Venedig flüchtet. Aber Aschenbachs stummer Reisebegleiter ist der Tod und so verwandelt sich Venedig zur Toteninsel, die schwarze Gondel wird zum Sarg: „Wer hätte nicht einen flüchtigen Schauder, eine geheime Scheu und Beklommenheit zu bekämpfen gehabt, wenn es zum ersten Male oder nach langer Entwöhnung galt, eine venezianische Gondel zu besteigen."

Am Lido begegnet Aschenbach dem schönen polnischen Knaben Tadzio. Unentrinnbar ist der Zauber dieses Todesengels. Gefesselt von seiner „gottähnlichen Schönheit" harrt der Schriftsteller in Venedig aus, obgleich der Atem der Cholera über die Lagune weht, um ihm den Tod zu bringen. Liebe und Tod, für Thomas Mann sind es venezianische Geschwister.

Oben:
„Das Ridotto" von Pietro Longhi (1702-85). Das Ridotto war Venedigs berühmt-berüchtigtes Spielkasino. Da Frauen dieses Etablissement nur maskiert aufsuchten, war das Ridotto für Casanova ein idealer Platz zum Anbändeln.

Rechts:
Dreimal in seinem Leben besuchte der Schriftsteller Thomas Mann Venedig. Nach seinem letzten Aufenthalt im Jahre 1911 entstand seine berühmte Novelle „Der Tod in Venedig".

Ganz rechts:
Wie kein zweiter deutscher Lyriker liebte Rilke die melancholische Poesie der Lagunenstadt: „Auf dem Markusplatze stehn / möchte ich oft und irgendwen / fragen nach dem fernen Feste."

Die Dekoration der zierlichen Miniatursalons des Café Florian sind eine Verbeugung vor der orientalischen Heimat des Kaffees.

Unten:
Vielen gilt das „Café Florian" als das schönste Kaffeehaus der Welt. Seit seiner Eröffnung im Jahre 1720 zog das Café die Geistesgrößen der Welt an. Goethe, Verdi, Proust und Thomas Mann verkehrten im Florian und selbst bärbeißige Amerikaner wie Hemingway oder Mark Twain verfielen seinem Charme.

Seite 58/59:
Der Literat Wolfgang Koeppen nannte den Canal Grande „ein Fest". Und schon im Mittelalter brachen die Besucher Venedigs beim Anblick der Wasserstraße mit ihren Palästen und Kirchen in Begeisterung aus: „Ja, das ist meines Erachtens die schönste Straße auf der ganzen Welt, unübertrefflich fein angelegt und läuft die Stadt entlang. Sehr groß und hoch sind die Häuser von gutem Stein die alten und alle bemalt."

Links:

Der Canal Grande, die Hauptschlagader Venedigs. Wie ein großes „S" durchzieht er in einer Länge von 3,8 Kilometern die Stadt. Neben den Gondeln, Wassertaxis und Vaporetti befahren unzählige Kähne mit Lebensmitteln die Wasserstraße. Selbst die 150 Tonnen Müll, die täglich anfallen, müssen auf dem Wasserweg aus der Stadt transportiert werden.

Unten:

Umschlagpunkt der Lebensmittel, die in Booten transportiert werden, ist der Rialto, seit dem Mittelalter der Bauch von Venedig.

Ganz unten:

Die „Erberia", der Gemüsemarkt von Venedig. Das meiste Gemüse kommt von den Laguneninseln Le Vignole und Sant' Erasmo. Aber auch Pilze und Trüffel aus dem Veneto werden dem Feinschmecker angeboten.

HOTEL SAN CASSIANO
CA' FAVRETTO

Unten:
Unweit des belebten Markusplatzes scheint die Zeit stehen geblieben zu sein.

Unten Mitte:
Die Ponte delle Colonne, eine der über vierhundert Brücken der Stadt.

Ganz unten:
Jenseits des aristokratischen Canal Grande schwimmt Tristesse auf den Kanälen der Stadt.

Rechts:
Beschaulicher Kanal in der Nähe der Scuola Grande di San Rocco, dem ehemaligen Versammlungsgebäude der Rochusbruderschaft.

Links:
Abseits des Markusplatzes und der Rialtobrücke findet man schnell das ursprüngliche Venedig, das noch immer in sich selbst ruht – hier in der Nähe der Scuola Grande di San Rocco.

Das kulinarische Universum der Pescheria, dem Fischmarkt unweit der Rialtobrücke. Alle erdenklichen Sorten von Krustentieren, Kopffüßern, Meeresfrüchten und Fischen werden angeboten.

Erst wer den Mut aufbringt, verwegene Spezialitäten wie Schwarzen Reis mit Tintenfisch, in Milch gekochten Baccallá (Stockfisch) oder Seespinne zu probieren, wird die venezianische Küche in ihrer ganzen Vielfalt begreifen.

Links:
Ein Glas Wein in einer Enoteca (Weinhandlung) gehört zum Tagesablauf der Venezianer: Ombra, in den Schatten gehen, heißt diese Leidenschaft.

Unten:
Antiquitätenwerkstatt am Campo San Tomà im Stadtteil San Polo.

Ganz unten:
Glasbläser bei der Arbeit. Doch Vorsicht, nicht jeder Laden mit Glaskunst (Vetri Artistici) bietet hochwertige Handarbeit an. Mittlerweile sind viele Gläser industriell gefertigte Massenware.

Seite 70/71:
Der Campo Santo Stefano
zu nächtlicher Stunde.
Vor dem Palazzo Loredan
erinnert ein Denkmal an
der Schriftsteller Niccolò
Tommaseo.

Byzantinisch mutet die
Rundkirche Santa Fosca in
Torcello an. Der Grabbau
für die Märtyrerin Fosca
wurde im 11. Jahrhundert
nach dem Vorbild früh-
christlicher Rundbauten in
Rom und Ravenna errichtet.

San Stae am Canal Grande.
Die barocke Fassade
stammt von Domenico
Rossi, die Gelder dafür
stiftete der Doge Alvise
Mocenigo II.

Die monumentale Fassade von Santa Maria del Rosario beherrscht den Guidecca Kanal. Ihren Beinamen (I Gesuati) verdankt die ehemalige Klosterkirche dem untergegangenen Orden der Gesuati, der im 17. Jahrhundert aufgelöst wurde.

Die Sakristei der Kirche Santo Stefano dient heute als Ausstellungsraum für Sakralkunst von der Frührenaissance bis zum Barock. Höhepunkt der Sammlung ist eine Abendmahlsdarstellung von Tintoretto.

Links:

„Fremdes Rufen. Und wir wählen / eine Gondel, schwarz und schlank: / Leises Gleiten an den Pfählen / einer Marmorstadt entlang."
Rainer Maria Rilke

Unten und ganz unten:

Das Steuern der asymmetrischen Gondel gleicht einer Wissenschaft und erfordert jahrelange Übung. Oft wird die Kunst vom Vater an den Sohn weitergegeben. Eine Gilde wacht über das Können ihrer Gondolieri und verteilt die Reviere.

Unten Mitte:

Seit 1880 verkehrt der preiswerte und schnelle Wasserbus, Vaporetto, und hat viele Gondolieri arbeitslos gemacht. Einzig dem Tourismus ist es zu verdanken, dass noch heute in Venedig Gondeln verkehren.

Seite 76/77:
*Mehr als 200 Paläste
säumen den Canal Grande,
doch die meisten dieser
Händlerpaläste nennen*

*sich bescheiden Ca'(Haus).
Während die unteren Räume
Speicher und Kontor be-
herbergten, residierte der
adelige Kaufmann im vor-*

*nehmen 1. Stock, dem so-
genannten „piano nobile".
Das abschließende Stock-
werk wurde oft an wohl-
habende Bürger vermietet.*

Früher war die Fassade des Ca'd'Oro, des goldenen Hauses, farbig bemalt. Den fürstlichen Palast ließ sich im 15. Jahrhundert der Prokurator von San Marco, Marino Cantarini, errichten. Architekt des Hauses war der Lombarde Matteo Ravetti, der zuvor am Mailänder Dom mitgewirkt hatte.

Links:
Im Gassenlabyrinth des Campo Manin versteckt, liegt der Palazzo Contarini, dessen wundersamer Treppenturm ihm den Zusatz del Bovolo (mit der Wendeltreppe) eintrug. Da die zahlreichen Mitglieder der einflußreichen Familie Contarini über 25 Paläste in der Stadt besaßen, war ein solcher Beiname äußerst hilfreich.

Unten und ganz unten:
Allen venezianischen Palästen ist gemein, dass sie auf 2 Meter langen Eichenpfählen stehen. Das Holz lieferten die Besitzungen in Dalmatien.

Links:
Abendstimmung am Rio della Paglia. Die Höhe der Gondel ist das Maß für die venezianischen Brücken.

Unten:
Wandelt man abends zur Zeit der Hauptmahlzeit durch die Gassen von San Marco, so erscheint Venedig wie ein einziger ungeheurer, ewig hungrig knurrender Bauch. Die Gassen legen ein Parfüm aus Olivenöl und Fisch auf und ganz Venedig scheint nur ans Essen und Trinken zu denken.

81

Links:

Von den Touristenströmen verschont, hat sich der Ortsteil Cannaregio im Nordwesten Venedigs seinen alten Charme erhalten. Der Hinterhof Calle del Fabbri strahlt Ruhe aus.

Ganz unten:

Die Wäsche trocknet direkt vor dem Fenster und die Wäscheleinen überspannen oft die Gassen Venedigs.

Unten:

In den Gassen und Hinterhöfen entlang dem Canale di Cannaregio findet der Besucher noch ein unverfälschtes Venedig. Im Mittelpunkt des Viertels erstrecken sich die Hallen des ehemaligen Schlachthofes und noch heute ist Cannaregio ein Arbeiterviertel, dessen Geschäfte, Kneipen und Trattorien erfrischend preiswert und unprätentiös sind.

Ganz unten:

Ruhende Boote am Rio de la Sensa im Viertel Cannaregio.

Links:

„Eine Krone für die Jung-
frau Maria" wollte der
Architekt Baldassare
Longhena mit seiner Kirche
Maria della Salute erschaf-
fen. Die Kirche wurde
zwischen 1631-87 als
steinerne Sühne für die
Erlösung von der Pest
errichtet. Wegen ihrer
gewundenen Voluten nen-
nen sie die Venezianer
allerdings despektierlich:
„Die Kirche mit den Ohren."

Unten:

Die Größe des gotischen
Mittelschiffes der Franziskanerkirche Santa Maria
Gloriosa spricht von der
Beliebtheit des Ordens in
Venedig. Kaum hatten sich
die Bettelmönche in San
Polo niedergelassen, da
konnte schon ihre erste
Kirche die Zahl der Gläubigen nicht mehr fassen und
eine neues Gotteshaus
musste errichtet werden.

Ganz unten:

Die Kirche San Zaccaria
hütet einen großen Schatz
der Kunstgeschichte:
Giovanni Bellinis „Sacra
Conversatione." Das
Gemälde ist ein Spätwerk
des Meisters, der über
70 Jahre alt war, als er es
vollendete.

Blick von der Ponte delle Guglie auf den Canale di Cannaregio, der in der Gegenrichtung an der Kirche Santa Geremia in den Canal Grande mündet.

Seite 88/89:
An einem Wintertag ist
der Campo Santi Giovanni
e Paolo wie leergefegt.

CALLE DE
LA MADONNA

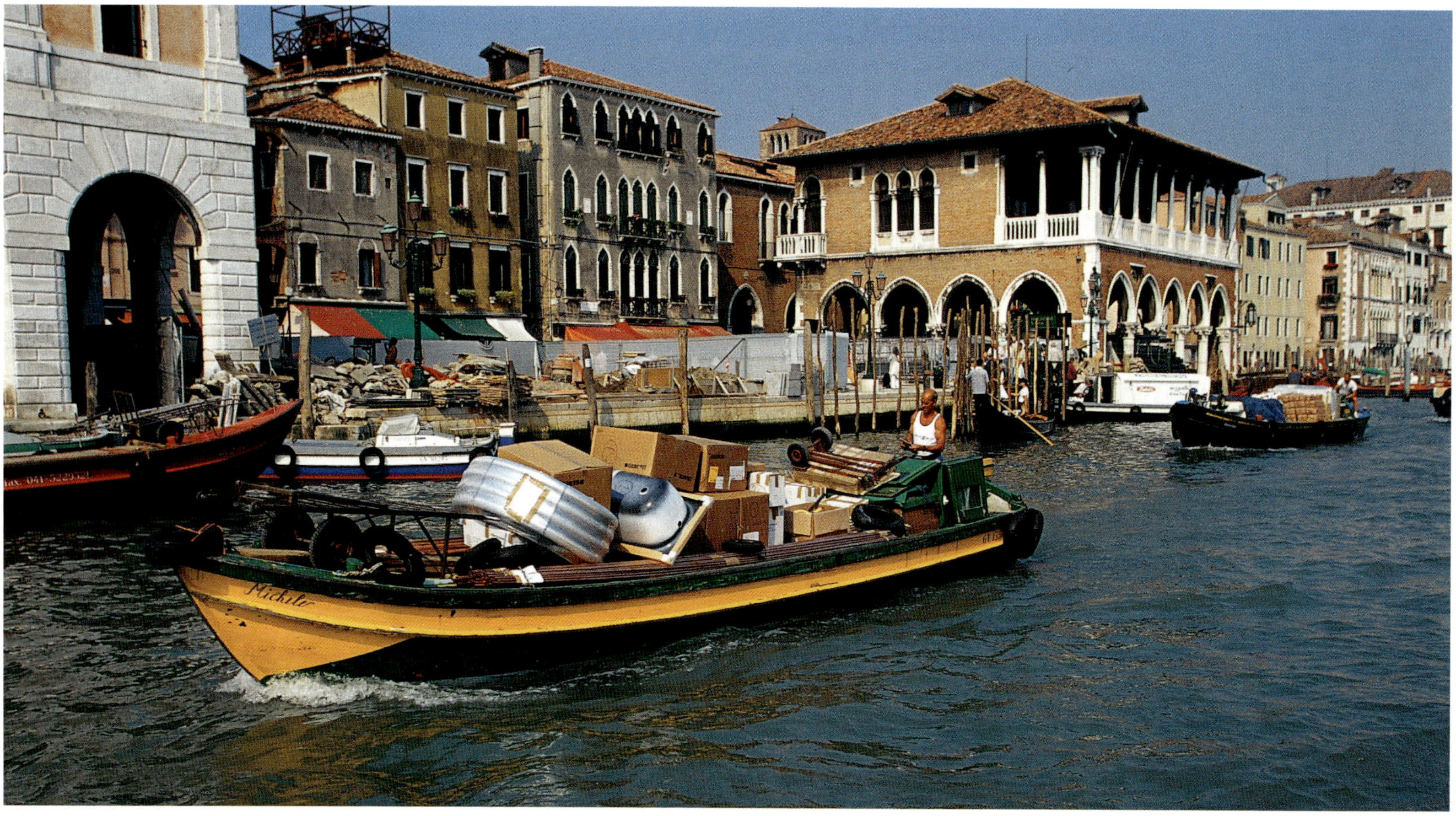

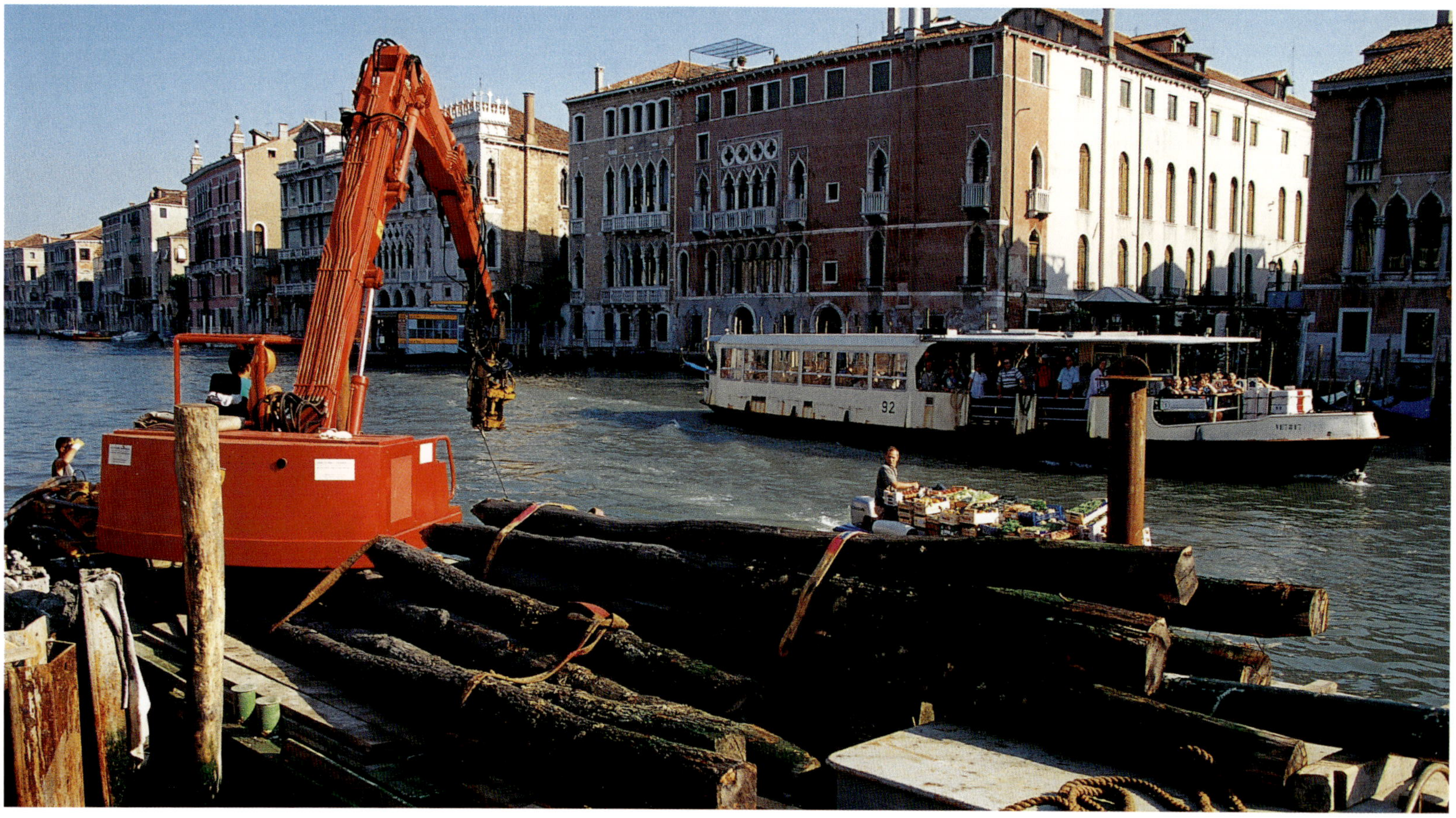

Links:
Die Waren werden mit dem Boot an das Lager im Erdgeschoss herangefahren.

Unten:
Wie schon zu Casanovas Zeiten müssen die Waren mühsam mit Handkarren weitertransportiert werden. Noch bis ins 19. Jahrhundert gab es den Berufszweig der Wasserträger.

Ganz unten:
Natürlich erreichen auch die Pakete Venedig über den Seeweg.

Linke Seite,
oben und unten:
Gütertransport auf dem Canal Grande. Venedig ist kein überdimensioniertes Kunstmuseum, sondern eine lebendige Stadt voller profaner Bedürfnisse. Leider stellen die motorgetriebenen Lastkähne eine große Belastung für die Fundamente der venezianischen Häuser dar. Deshalb herrscht ein strenges Tempolimit auf den Kanälen.

*Die heitere Idylle lässt ver-
gessen, dass das Ghetto
von Venedig ein trauriger
Ort war. Seit 1516 mussten
die Juden der Stadt in diesem abgeriegelten Bezirk
siedeln und es war ihnen
unter Strafe verboten,
nach Einbruch der Nacht
das Ghetto zu verlassen.*

Links:
Selbst für venezianische
Verhältnisse waren die
Häuser des Ghettos extrem
eng und überfüllt. Der
Name Ghetto rührt von
den Gießereien (Geto) her,
die früher auf der Insel in
Betrieb waren.

Unten:
Von den 1000 Juden Vene-
digs starben 200 während
des Holocaust. Heute lebt
gerade einmal ein gutes
Dutzend jüdischer Familien
im Bereich des Ghettos.

Ganz unten:
Am Campo del Ghetto
Nuovo hatten die jüdischen
Pfandleiher ihren Sitz.
Der Höchstzinssatz der
jüdischen Kredithäuser war
staatlich festgelegt und
weitaus geringer als jener,
den christliche Bankiers
zu nehmen pflegten.

Oben:
Im Ghetto Vecchio genann-
ten Teil der jüdischen Siedlung ließen sich vor allem
jene Juden nieder, die aus
dem östlichen Mittelmeer-
raum vor den Türken nach
Venedig geflohen waren.

Seite 94/95:
Für Hermann Hesse
waren die Gondeln ein
Gefährt voller Poesie:
„Deiner schlanken Form
Geheimnis liegt / Weit
zurück, von Sagenduft
umfangen, / Spielerisch
ins Heute hergewiegt /
Aus den schönern Zeiten,
die vergangen."

Eine der letzten Gondel-
werften Venedigs liegt am
Rio di San Trovaso. Die
klassische Gondel ist zehn
Meter lang und anderthalb
Meter breit, wobei die
ganze Konstruktion leicht
asymmetrisch ist, um

der einseitig geruderten
Gondel einen leichten
Rechtsdrall zu verleihen.
Obgleich der Preis einer
Gondel mittlerweile bei
20 000 Euro liegt, ist
die Werft von San Trovaso
auf Jahre ausgebucht.

Links:
*Ruhepause mit Zeitungs-
lektüre am Gondelhafen
Oreolo.*

Gleich einer Herde von
Schaukelpferden warten
die Gondeln auf Kund-
schaft. Im 16. Jahrhundert
gab es noch über
10 000 Gondeln auf den
Kanälen der Stadt, heute
liegt die Zahl bei gerade
einmal 500. Obgleich der
Preis für eine Gondelfahrt
festgelegt ist, gibt es bei
weniger seriösen Gondo-
lieri einen „Aufschlag".

Linke Seite:
Die freistehende Renaissance-Kirche Santa Maria Formosa auf dem gleichnamigen Platz. Der Legende nach erschien die Muttergottes dem Bischof Magnus in Gestalt eine dickleibigen Matrone und forderte ihn zur Kirchengründung auf: „Formosa" bedeutet soviel wie „wohlgenährt".

Die Anlegestelle des Nobelhotels Bauer am Canal Grande im Stadtteil San Marco. Der Eingang auf festem Boden liegt auf dem Campo Moisè.

DAS EWIGE FEST –
GELEGENHEITEN ZUM FEIERN
GIBT ES VIELE

„Um Feste, Regatten und Erquickungen zu veranstalten, ist jeder in Bewegung und voller Fröhlichkeit."

Giorigio Baffo, Zeitgenosse und Rivale Carlo Goldinis, lebte in einem Venedig, das zum exklusiven Vergnügungszentrum geworden war. Besonders der Karneval versprach dem stets gelangweilten Adel Europas Abwechslung. Heute bescheidet sich der Karneval mit den letzten zwei Wochen vor Aschermittwoch, doch in der sinnenfrohen Barockzeit begann man schon im Oktober mit den Maskenbällen. Seit jenen Tagen setzt sich das klassische Kostüm aus drei unentbehrlichen Requisiten zusammen: Seidenmantel, Kappe und Maske. Dabei erinnern die Larven zugleich an die düsteren Pestzeiten, als sich die Ärzte mit grotesken Masken vor der tödlichen Ansteckung zu schützen versuchten. Blutiger Schlussakt des Karnevals im 18. Jahrhundert war die Stierhetze auf dem Markusplatz, bei der zur Belustigung der Massen wilde Hunde Kampfstiere zerfleischten.

Der nächste Höhepunkt im traditionellen venezianischen Festkalender war Christi Himmelfahrt, wenn die feierliche Verlobung Venedigs mit dem Meer zelebriert wurde. In einer prächtigen Inszenierung fuhr der Doge mit dem vergoldeten Prunkschiff, dem Bucintoro, auf die Lagune. Dabei wurde er von nicht weniger als 2000 Gondeln und Barken begleitet. Dann wurde achtern auf dem Bucintoro eine Luke geöffnet und der Doge warf einen Goldring als Symbol der Verbindung zwischen der Serenissima und dem Meer in die Wogen. Leider trägt die wiederbelebte Feier die lächerlichen Züge einer Operette: Der Doge ist falsch, das Staatsschiff ist ein bescheidener Nachbau und Venedigs Seemacht ist nur eine ferne Erinnerung aus großen Tagen.

Heute feiern die Venezianer ihre innige Beziehung zum Meer bei der Regatta Storica am ersten Sonntag im September. Die Wettkämpfe werden mit speziellen Renngondeln ausgetragen, die von ihren Ruderern nicht nur Kraft und Kondition abverlangen, sondern ein hohes Maß an Geschicklichkeit. Und so kommt es immer wieder vor, dass erfahrene Gondolieri vor muskelbepackten Heißspornen den Sieg erringen.

Neben der Regatta ist Redentore das größte Volksfest der Stadt. Das Fest am dritten Sonntag im Juli erinnert an die Erlösung von der Pest im Jahre 1576. Ursprünglich eine fromme Pilgerfahrt zur Kirche Il Redentore, verwandelte die Lebenslust der Venezianer das Fest zu einem weinseeligen Vergnügen mit mitternächtlichem Feuerwerk und Liebesabenteuern. Und so mischt sich in die rauschhafte Atmosphäre der Sommernacht immer auch die Sorge der Mütter um die Tugend ihrer Töchter.

Seit den Tagen der Renaissancekomponisten Andrea Gabrieli und Giovanni Gabrieli haben es die Venezianer verstanden, ihre Feste mit Musik zu vergolden. Im 17. Jahrhundert entdeckte dann Claudio Monteverdi, ehrwürdiger Maestro di Cappella della Serenissima Republica di Venezia, für die Seerepublik das verborgene Zauberreich der Oper. Ganz Venedig entflammte für diese neue Kunstform. Bereits 1637 wurde mit dem Teatro Cassiano die erste Opernbühne der Welt eröffnet und im 18. Jahrhundert sollte die Stadt gleich sieben Opernhäuser zählen. Aber erst kurz vor dem Untergang der Republik wurde auf der Asche eines abgebrannten Theaters Venedigs prächtigste Bühne errichtet – La Fenice, der Phönix.

Der Name war Omen. Gleich zweimal in seiner Geschichte, 1836 und 1996, wurde das Theater Opfer der Flammen, um dann aus den Trümmern wieder verjüngt aufzuerstehen. La Fenice schrieb Musikgeschichte: Rossini und Bellini komponierten für diese Bühne und gleich fünf Verdiopern wurden hier uraufgeführt.

Östlich des monumentalen Marcusdoms liegt die unscheinbare Kirche Santa Maria della Pieta, die in vergangenen Zeiten Herzstück eines Waisenhauses war. Finanziert wurde das Hospiz unter anderem durch musikalische Darbietungen der Mädchen, die „wie Engel gesungen haben". Seit 1703 unterrichtete hier ein rothaariger und asthmatischer Priester namens Antonio Vivaldi, dessen Krankheit ihn glücklicherweise davor bewahrte, zuviel Zeit seinen religiösen Pflichten zu widmen. Wie sonst hätte Vivaldi die notwendige Muße gefunden, über 200 Violinenkonzerte – unter ihnen seine unsterblichen „Vier Jahreszeiten" –, 49 Opern und unzählige Werke für Mandoline, Trompete und Flöte zu

Links:
Stets rundeten erlesene Tafelfreuden die venezianischen Feste ab.

Oben:
Höhepunkt im Festkalender des Dogen war die „Vermählung mit dem Meer" zu Christi Himmelfahrt. In einer feierlichen Prozession fuhr er mit dem Bucintoro, der vergoldeten

komponieren. Schon bald nach seinem Tod im Jahre 1741 geriet der musikalische Priester völlig in Vergessenheit. Erst das 20. Jahrhundert sollte Vivaldi zum König der venezianischen Komponisten erheben.

Wie kein Zweiter hat der Philosoph Friedrich Nietzsche die unvergleichliche Musikalität des ewigen Festes Venedigs auf den Punkt gebracht: „Und wenn ich ein andres Wort für Musik suche, so finde ich immer nur das Wort Venedig."

Staatsgaleere, auf die Lagune und warf einen Ring als Symbol der Vermählung in die Fluten: „Wir vermählen uns Dir, Meer, zum Zeichen wahrer und dauernder Herrschaft!"

Rechts oben:
„Im eigentlichen Karneval kann man sich auf allerlei Art maskieren, wie man will, aber die allermeisten tragen gewöhnlich Mantel und Halbmaske", notiert 1771 Johann Jakob Volkmann.

Rechts Mitte:
Pilgerort trinkender Literaten und literarischer Trinker: Harrys Bar. In der legendären Bar bewiesen Ernest Hemingway und Orson Wells ihre außergewöhnliche Trinkfestigkeit.

Rechts:
Wer es sich leisten kann, feiert Karneval im exklusiven Rahmen des Café Florian, aber jeder Stadtteil und Platz hat sein eigenes Fest.

Rechts und ganz rechts:
Krönender Höhepunkt der
Regatta ist der Wettkampf
der „Gondolini", der
schnellen Renngondeln.
Der Sage nach soll das
Fest an mutige Jünglinge
erinnern, die ihren von
Piraten entführten Bräuten
wacker nachruderten.

Oben:
Zur „Regata Storica"
werden auch die Fassaden
des Canal Grande festlich
geschmückt.

Links:
Im September feiert
Venedig sich selbst mit der
„Regata Storica", wenn
ganze Flotten historischer
Boote von alten Gemüse-
kähnen bis zu prächtigen
Ruderbarkassen auf dem
Canal Grande miteinander
wetteifern.

Unten:

Acqua Alta – Hochwasser. In den letzten Jahrzehnten hat sich der Boden der Lagune um über 10 Zentimeter gesenkt und so wird Venedig immer öfter vom Hochwasser heimgesucht. Ihre größte Flutkatastrophe erlebte die Stadt am 4. November 1966, als ein stürmischer Südostwind das Wasser unbarmherzig in die Stadt trieb. Paläste und Kirchen wurden überflutet und standen bis zum ersten Stock unter Wasser. Venedigs Untergang schien besiegelt ...

Links:
Wenn das Hochwasser die Piazza San Marco überflutet, müssen Stege genutzt werden, um trockenen Fußes den Platz zu überqueren.

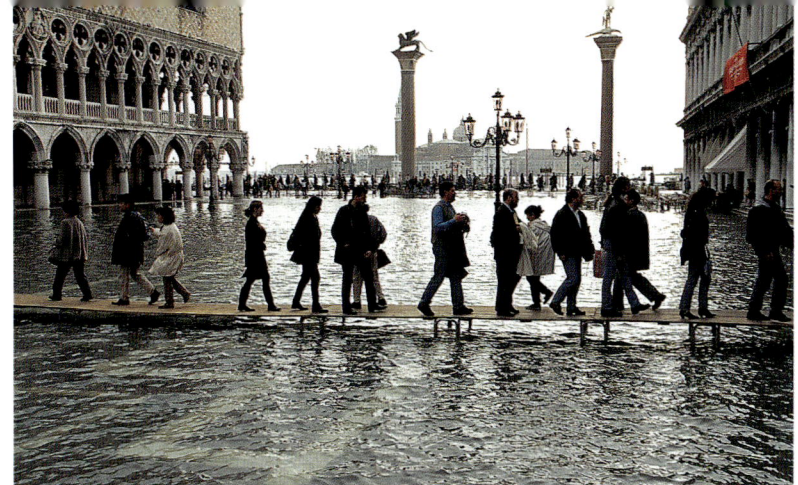

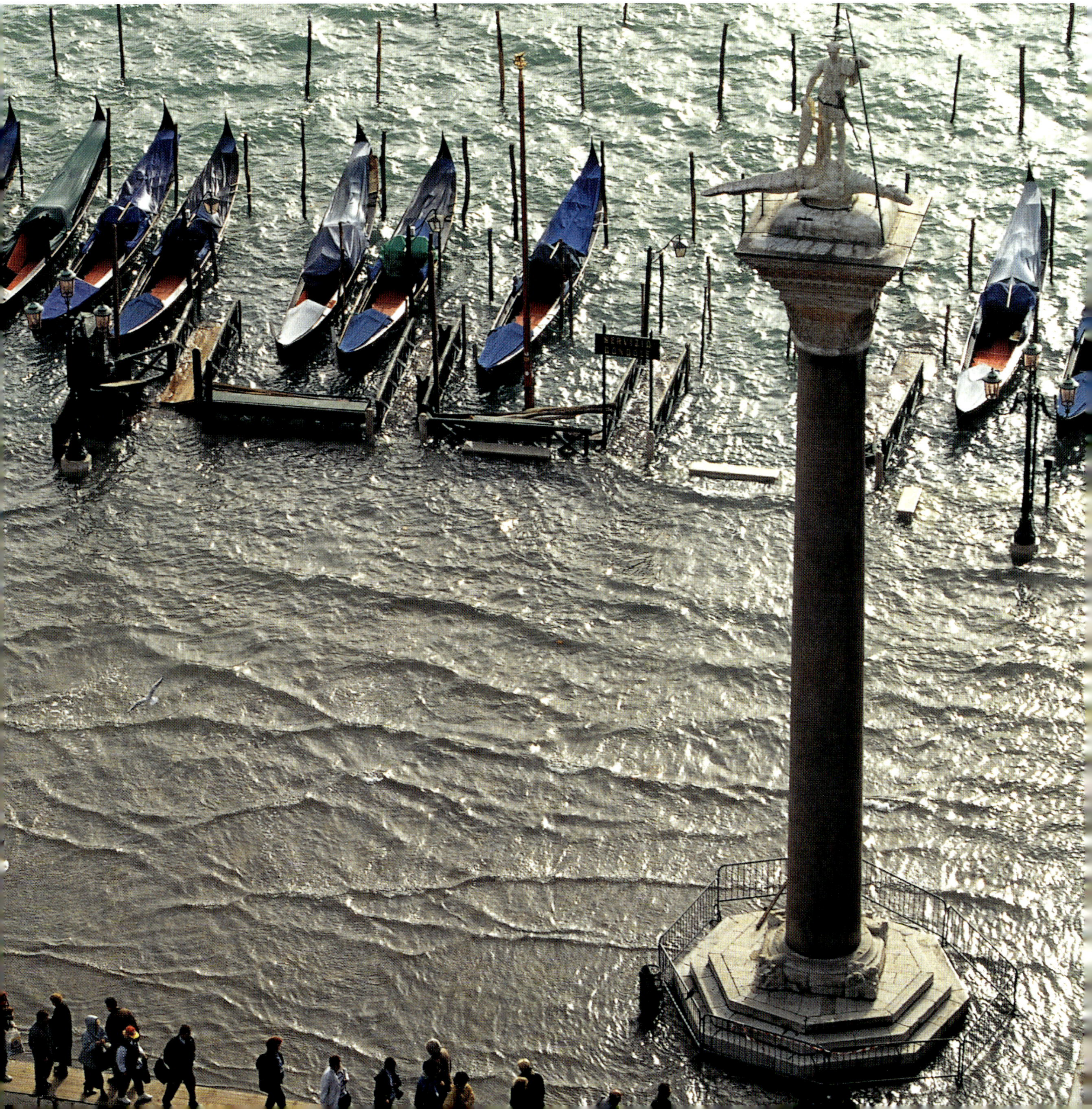

Links:
Selbstinszenierung als Lebensprinzip. Venedig trägt im Karneval tausend Masken und groteske

Fratzen aus der Pestzeit bevölkern die Straßen und Plätze genauso wie die süßlichen Masken des „Neorokokos" unserer Tage.

Unten:
Ein unerschöpfliches Reservoir an Verkleidungen bietet das Personal der Commedia dell'Arte mit seinen unsterblichen

Figuren wie Pantalone, Arlecchino oder Pulcinella. Man begegnet heute aber auch den ausgefallensten Eigenschöpfungen.

Seite 110/111:
Klassische Masken im Stile des 18. Jahrhunderts. Damals gehörten neben Bällen, Feuerwerken

und Festmählern auch erotische Vergnügungen mit Kurtisanen zur Karnevalszeit: „Während welcher

Sie unter den Arkaden der Prokuratien ebenso viele Frauen liegend wie stehend und gehend finden."

Lagune und Veneto

Blick auf den Lido. Venedigs berühmte Strandinsel avancierte im 19. Jahrhundert zum luxuriösen Modebad mit mondänen Hotels. Die Insel ist 12 Kilometer lang, zwischen 300 und 1000 Metern breit und riegelt die Lagune vom offenen Meer ab.

Schwärmerisch vergleichen die Dichter die Lagune mit einer Muschel, welche die kostbare Perle Venedig umschließt. 550 Quadratkilometer misst das amphibische Reich zwischen dem Festland und der offenen See, in dem mehr als 100 Inseln liegen. Jede Insel trägt ihr unverkennbares Profil: die Klosterinsel San Lazzaro, die Fischerinsel Burano, die Handwerkerinsel Murano oder die Bauerninsel Le Vignole. In den dunklen Zeiten gab es zudem noch die „Inseln des Schmerzes", unfreiwillige Heimat für Leprakranke oder Geistesgestörte. Auch wenn es heute die düsteren Quarantänegefängnisse nicht mehr gibt, umweht diese Inseln nach wie vor eine melancholische Atmosphäre.

Drei Flüsse – Sile, Brenta und Piave – ergießen sich in die Lagune, die durch drei große Mündungen (Bocche) mit dem Meer verbunden ist. So bestimmt der ewige Puls der Gezeiten die Inselwelt und wiegt die Fische in ihrer brackigen Kinderstube. Im 19. Jahrhundert gab es tatsächlich ernsthafte Pläne, die Lagune trockenzulegen, um neues Gelände für die Industrialisierung zu gewinnen. Wenn die Schwüle des Sommers das Leben in der Lagune unerträglich machte, zogen sich Doge und Adel auf ihre Landgüter im Veneto zurück, das seit dem 14. Jahrhundert unter der Herrschaft Venedigs stand. In seinem Stück „Die törichte Neigung zur Landlust" spottet Goldoni über die Sommerfrischler, die zwar vom schlichten Landleben schwärmen, in Wahrheit aber nur Bälle, Gelage und erotische Vergnügungen suchen. Viele Villen ließen sich über den Brentakanal mit dem „Burchiello" (Bötchen), einem luxuriösen Treidelschiff, erreichen. Auch wenn der moderne „Burchiello" heute ein nüchternes Ausflugsboot ist, so bleibt doch die Kanalfahrt durch die heitere Parklandschaft ein fürstliches Vergnügen. Triumphaler Höhepunkt der sentimentalen Reise ist die Dogenvilla Pisani, deren monumentale Pracht in späteren Zeiten auch Napoleon und Mussolini in ihren Bann zog.

Links:
Der Strand des Lido – menschenleer. Für Goethe war der Lido nur eine einzige große Düne.

Unten:
Heute ist der Lido übersät mit Badeanstalten und Budenstädten für das laute Vergnügen im Meer. Ruhe hingegen bietet das Kloster und die Kirche von San Niccolo, dessen Namenspatron auf den heiligen Nikolaus als Schutzpatron der Seefahrer verweist.

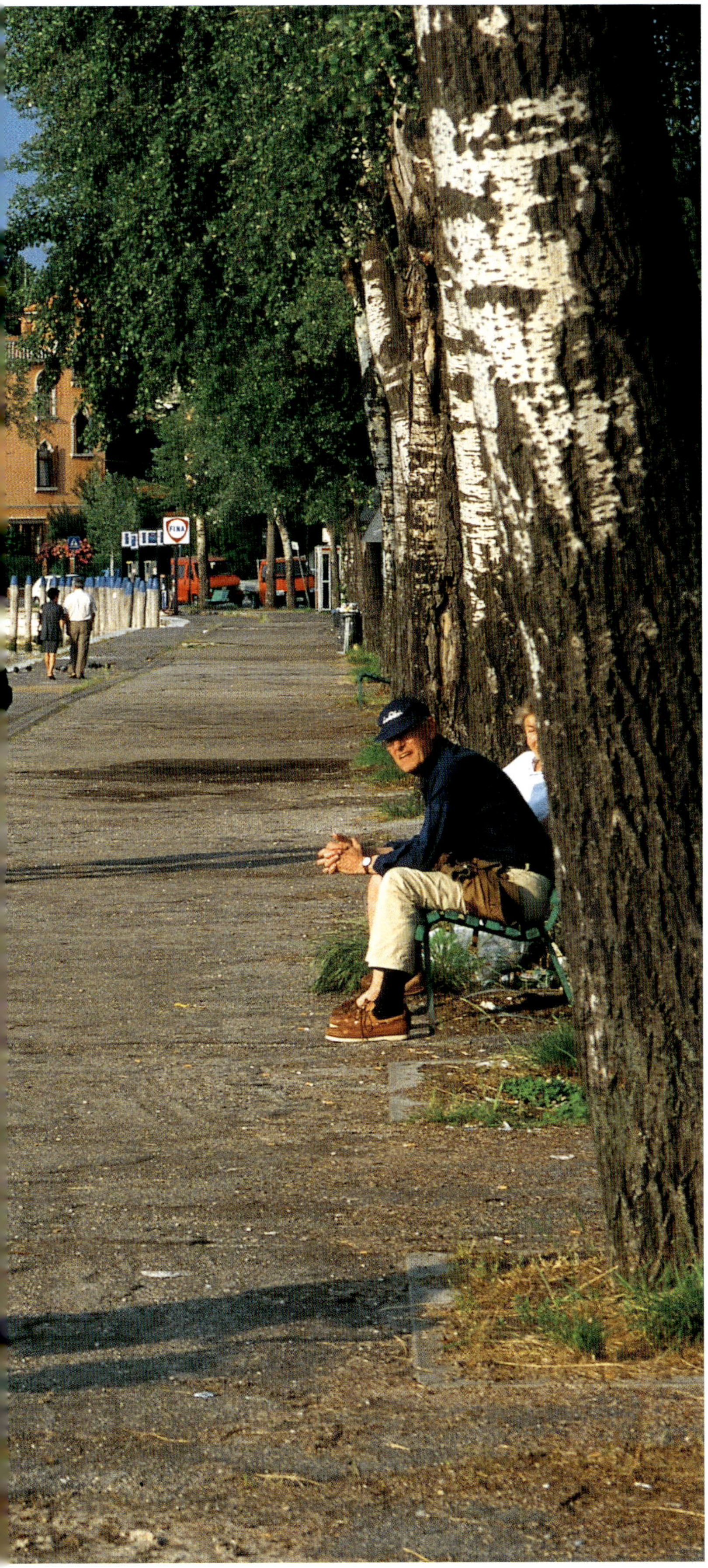

Unten:
Das Grand Hotel des Bains ist eines der berühmtesten Hotels der Welt. Hier pflegte Thomas Mann abzusteigen und hier fand Luchino Visconti die ideale Kulisse für seine Verfilmung der Novelle des Nobelpreisträgers.

Ganz unten:
Ein Ort der Besinnung inmitten allen Trubels ist der jüdische Friedhof auf dem Lido, dessen Gräber die Zeit zu verschlafen scheinen. „Haus des Lebens" lautet in Vertrauen auf die Wiedererweckung der Toten die hebräische Bezeichnung für Friedhof. Byron und Goethe waren von der melancholischen Poesie des Ortes zutiefst fasziniert.

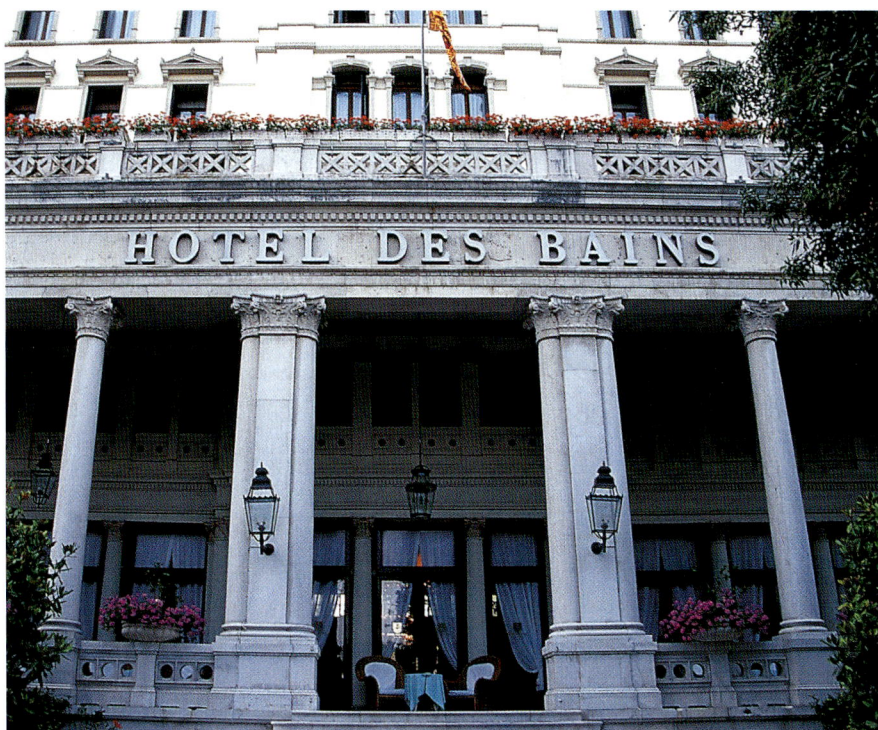

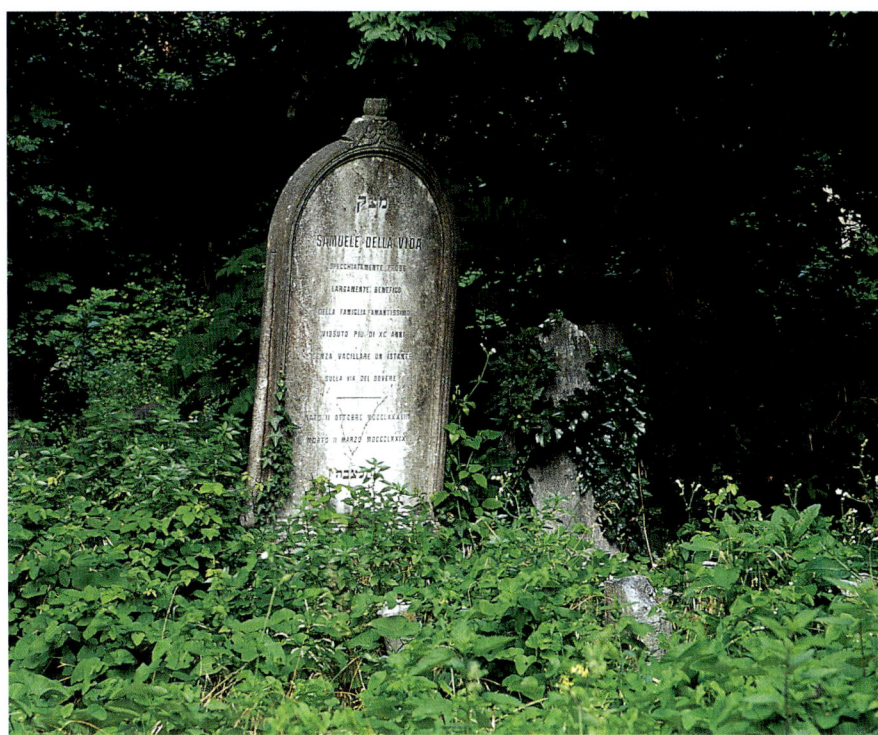

IM WECHSEL DER GEZEITEN

„Die Lagunen sind eine Wirkung der alten Natur," schreibt Goethe über die sonderbare Halbwelt zwischen Land und Meer. Aber nicht nur Ebbe, Flut und Erde haben die Landschaft der Lagune gestaltet, sondern auch die ewige Sehnsucht des Menschen nach Frieden. Als die germanischen Kriegerstämme in Norditalien einfielen, flohen die Menschen in die sumpfige Sicherheit der Lagune.

Torcello im Norden der Lagune war ein solcher Fluchtort. Mitten in einer Schilflandschaft erhebt sich die Basilika Santa Maria Assunta, die im 7. Jahrhundert als neuer Sitz des Bischof von Altino errichtet wurde. Auch wenn die prächtigen Mosaiken der Kathedrale aus dem Mittelalter stammen, so lebt in ihnen doch die Erinnerung an das goldene Byzanz weiter. Neben der Kathedrale liegt die Grabkirche mit den Gebeinen der Märtyrerin Santa Fosca aus Ravenna. Wer heute das stille Torcello besucht, vermutet wohl kaum, dass zur Blütezeit der Insel 30 000 Menschen das Eiland mit ihrem Lärm erfüllten.

Nur wenige Schiffsminuten von Torcello entfernt, liegt die Insel Burano. Seit Jahrhunderten leben die Männer von Burano vom Fischfang, während ihre Frauen das Auskommen mit dem Klöppeln aufbessern. Die Spitzen aus Burano (Merlitti di Burano), einst ein begehrter venezianischer Luxusartikel, werden heute als Souvenirs produziert.

Leider haben sich auch die Produkte der Glasbläserinsel Murano allzu oft dem heutigen Geschmack angepasst. Aber glücklicherweise gibt es immer noch einige Meister, die sich der großen Tradition ihrer Vorgänger verpflichtet fühlen. Wegen der großen Brandgefahr hatte 1291 die Republik Venedig die Glasbläser auf die Insel Murano „verbannt". Früher soll es 18 schweißtreibende Jahre gedauert haben, bis ein Meister in alle Geheimnisse seines Handwerks eingeweiht war. Wegen dieser Kenntnisse genossen Muranos Glasbläser umfangreiche Privilegien. Besonders das Monopol zur Herstellung von großflächigen Spiegeln brachte gutes Gold in die Kassen und war lange ein gehütetes Staatsgeheimnis.

Nicht nur die Glasbläser mussten per Dekret Venedig verlassen, auch die Toten durften nicht in der Stadt verweilen. Seit 1837 dient die Insel San Michele als Stadtfriedhof, vorher wurden die Venezianer mehr schlecht als recht bei ihrer Pfarrkirche begraben. Und so sprechen alte Reisebücher immer wieder von bestialischen Gerüchen im Umfeld mancher Kirchen. Normalerweise ist die Ruhezeit der Toten von San Michele auf zwölf kurze Jahre bemessen, bevor sie exhumiert werden. Einzig Berühmtheiten wie dem amerikanischen Dichter Ezra Pound und dem russischen Komponisten Igor Strawinsky ist es vergönnt, bis in alle Ewigkeit auf der Insel zu ruhen.

Die berühmteste Insel in der Lagune ist der Lido (wörtlich der Strand). In der Belle Epoque vor dem Ersten Weltkrieg pflegten wohlhabende Reisende in den Luxushotels des Lidos Quartier zu nehmen. Später diente Visconti das Grand Hotel des Bains als Filmkulisse für den „Tod in Venedig". Darüber hinaus lockt alljährlich der Palazzo del Cinema zahlreiche Kinofreunde und Filmkritiker an den Lido, wenn es gilt, auf der Filmbienale den „Goldenen Löwen" zu vergeben. Wer dem Trubel am Strand entfliehen will, der findet auf dem jüdischen Friedhof San Nicolo eine Oase voller melancholischer Poesie.

Dem Lido vorgelagert liegt die kleine Klosterinsel San Lazzaro. Im 18. Jahrhundert fand hier eine Kongregation armenischer Mönche ihre Zuflucht. Fern der kleinasiatischen Heimat wurde auf San Lazzaro die große kulturelle Tradition dieses Volkes gepflegt und bis heute produziert die Klosterdruckerei Zeitschriften und Bücher für die weltweit zerstreute armenische Diaspora. Die andere Klosterinsel ist San Francesco del Deserto bei Burano, wo der Legende zufolge der Heilige Franziskus Rettung nach einem Schiffbruch fand.

Den südlichen Schlusspunkt der Lagune markiert das Hafenstädtchen Chioggia. Im 14. Jahrhundert war der Fischerort Schauplatz des blutigen Krieges zwischen den Seemächten Genua und Venedig. 1379 hatten die Genueser Chioggia im Handstreich genommen. Und zum ersten Mal in ihrer Geschichte fühlte die Serenissima den tödlichen Dolch des Erzfeindes an ihrer Kehle. In einer riskanten Nachtaktion blockierten die Venezianer alle Wasserwege zur Stadt und legten einen Belagerungsring um Chioggia. Immer wieder entbrannten erbitterte Kämpfe auf den Sandbänken, bei denen sich die Söldnerhaufen in ihrem blutigen Handwerk maßen. Nach monatelangen Ringen gingen dann endlich die Vorräte der Genuesen zur Neige. Der Feind kapitulierte, Venedig war gerettet.

Links:
Torcello ist Venedigs ältere Schwester. Bereits die Römer hatten hier eine Siedlung und seit dem 7. Jahrhundert wacht der Turm der Kathedrale von Santa Maria Assunta über die Insel.

Oben:
Das bunte Burano. Alljährlich muss der Anstrich der Häuser erneuert werden, um das Mauerwerk vor der salzhaltigen Luft der Lagune zu schützen.

Rechts oben:
Buranos Spitzen, einst ein
begehrter Luxusartikel,
werden heute zumeist für
die Touristen geklöppelt.

Rechts Mitte:
Glashütte auf Murano.
Wie kein zweites Handwerk
genossen die Glasbläser
umfangreiche Privilegien,
galt es doch, Venedigs
Monopol in der Her-
stellung kostbarer Glas-
waren zu hüten.

Rechts:
Mit dem Vaporetto, einem
Wasserbus, lassen sich
die Laguneninseln schnell
und bequem erreichen.
Die Fahrt von Venedig
nach Murano nimmt
gerade einmal 30 Minuten
in Anspruch.

Santa Fosca in Torcello. Im Jahre 638 hatte der Bischof von Altino seinen Sitz auf die kleine Insel verlegt und zum Zeichen der Endgültigkeit seiner Entscheidung die Gebeine der Heiligen Fosca nach Torcello umgebettet.

Einst lebten auf Murano über 30 000 Einwohner. Mehrere Palazzi und die romanische Basilika Santi Maria e Donato geben Zeugnis von der ehemaligen Bedeutung der Insel.

Die Kirche San Michele hält die Totenwache auf der Friedhofsinsel. Die Fassade der Klosterkirche wurde von dem Renaissancearchitekten Mauro Coducci aus istrischem Kalkstein geschaffen.

Bis 1810 diente San Michele als Sitz einer Kongregation der Kamaldulensermönche, dann zeitweise als Gefängnis. Erst seit 1837 ist hier der Friedhof von Venedig.

Links:

Seit dem 13. Jahrhundert ist Murano ein Synonym für Glaskunst. Damals verlegte der Senat des Staates Venedig nach einem verheerenden Brand die Werkstätten der Glasbläser auf die Laguneninsel.

Unten:

Das Formen des 1400 Grad heißen Glasrohlings ist eine äußerst diffizile und zugleich schweißtreibende Arbeit.

Ganz unten:

Verkaufsstelle von Murano-Glas. Der Besuch einer Glashütte ist zwar kostenlos und ohne Kaufzwang, doch allzu leicht erliegt man der Faszination der zerbrechlichen Produkte.

Burano ist eine beschau-
liche Insel mit knapp
5000 Einwohnern. Früher
lebten die Buranelli haupt-
sächlich vom Fischfang,

bis die Frauen der Insel
das profane Handwerk des
Netzeflickens zur hohen
Kunst des Spitzen-
klöppelns verfeinerten.

Burano liegt nur etwa
9 Kilometer von Venedig
entfernt und wirkt doch
ganz anders. Hier gibt
es keine prachtvollen
Paläste, stattdessen ein-
fache Fischerhäuser, die
in leuchtenden Farben
gestrichen sind.

Auch Fischernetze findet
man noch in Burano,
obwohl heutzutage wohl
mehr Spitzendeckchen
geknüpft werden.

Die Boote der Fischer von
Burano schaukeln Seite an
Seite auf den Kanälen.

Auf festem Boden –
die Terraferma

Zu Beginn des 15. Jahrhunderts hatte Venedig den Zenit seiner Macht erreicht. Der ewige Rivale Genua war besiegt und nach aufreibenden Kämpfen mit wechselnden Gegnern hatte man das weitläufige Hinterland der Lagunenstadt, die Terraferma, unterworfen. Voller Stolz breitete nun der Markuslöwe seine Flügel über altehrwürdigen Kommunen wie Treviso, Padua oder Vicenza aus.

Besonders Treviso begrüßte nach den unruhigen Jahren des Krieges die neue Sicherheit unter der Herrschaft der Venezianer. In den vorangegangenen Zeiten der Unabhängigkeit war das Herzstück der Stadt der imposante Palazzo dei Trecento, Sitz des dreihundert Häupter zählenden Stadtrates. Daneben wird die Silhouette der Stadt vom Dom und der großen Dominikanerkirche San Nicolo aus dem 14. Jahrhundert beherrscht.

Padua überreichte Venedig gleich eine doppelte Mitgift: einen populären Heiligen und eine angesehene Universität. Mit ihrem Gründungsdatum 1222 ist die Hohe Schule von Padua die zweitälteste Italiens, einzig an Alter von Bologna übertroffen. Rasch avancierte Padua zur Hausuniversität Venedigs; hier wurde 1594 der erste anatomische Vorlesungssaal, das Teatro Anatomico, errichtet und hier lehrte später der Astronom Galileo Galilei. Die Universität bewahrte Padua davor, in konservativer Selbstgefälligkeit zu erstarren. 1848 rebellierten die Studenten gegen die Fremdherrschaft der Österreicher.

Neben den zahlreichen Sehenswürdigkeiten locken vor allem die Gebeine des heiligen Antonius zahlreiche Besucher in die Stadt. Der aus Lissabon stammende Franziskaner war nach aufzehrenden Missionsreisen 1231 in Padua gestorben. Sofort erkannten die Bürger den Tod des Heiligen als Glücksfall für ihre Stadt und begannen mit dem Bau einer Grabbasilika, um die lukrativen Pilgerströme zu locken. An Schönheit übertroffen wird die Antonius-Basilika jedoch durch die Arena-Kapelle. Im Jahre 1300 hatte Enrico Scrovegni, Sohn eines verhassten Wucherers, das Grundstück des einstigen römischen Amphitheaters erworben, um an dieser Stelle einen Palast und eine Kapelle zu errichten. Zur Ausschmückung seiner Kapelle berief Scrovegni den Malermönch Giotto. Der Freskenzyklus schildert in ergreifenden Bildern Episoden aus dem Neuen Testament. Auch wenn Giottos Figuren noch in ikonenhafter Starrheit verharren, so erscheinen sie dem Betrachter doch eigentümlich beseelt. Das erste Licht der Renaissance fällt in die Arena-Kapelle und befreit die Malerei von mittelalterlicher Dunkelheit.

Südlich von Padua, in den Euganeischen Hügeln, liegt Arqua Petrarca. Der Ortsname verweist auf den Dichter Petrarca, der hier auf seinem bescheidenen Landsitz zwischen Weinstöcken und Olivenbäumen seinen Lebensabend verbrachte. In einer Zeit, die die Natur noch als menschenfeindlich verachtete, belebte der Dichter das antike Ideal vom besinnlichen Leben auf dem Lande wieder. Damit prägte er einen Lebensstil, der für die folgenden Jahrhunderte die Region prägen sollte. Klassische Strenge und würdevolle Ruhe kennzeichnen die frühen Villen des Paduaner Hinterlandes, wie zum Beispiel den Landsitz der Bankiersfamilie Garzoni aus der Mitte des 16. Jahrhunderts. Dann verwandeln sich die Landhäuser zunehmend in üppige Paläste. Den extravaganten Schlusspunkt dieser Entwicklung stellt die Villa des Dogen Alvise Pisani in Stra, östlich von Padua, dar. Ruhe und Besinnlichkeit scheinen den Räumen der Villa fremd, die überbordenden Säle mit ihren bewegten Fresken des Malers Giambattista Tiepolo und verspielten Stuckarbeiten wirken wie die Theaterkulisse eines frivolen Lustspiels.

Vicenza ist die Stadt des Architekten Andrea Palladio, dessen 1570 verfassten „Vier Bücher über die Architektur" die römische Antike als Höhepunkt und Vorbild harmonischer Baukunst feiern. Eigentlich hieß der Sohn eines Müllers Andrea della Gondola. Aber als der humanistisch gesinnte Graf Trissino das einzigartige Genie seines Protegés erkannte, verlieh er ihm in Anspielung auf die kunstsinnige Göttin Pallas Athene den Ehrennamen Palladio. Überall stößt

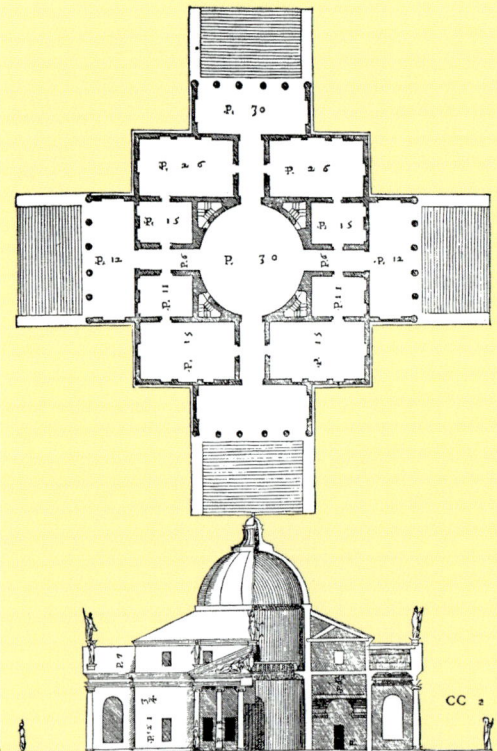

Links:
Der Grundriss der Villa Almerico Capra ist in seiner strengen Symmetrie reine Mathematik. Sie gilt als das unbestrittene Meisterwerk Palladios.

Oben:
Die Palladio-Villa Almerico Capra bei Vicenza, genannt „La Rotonda". Der Bauherr, Paolo Almerico, hatte lange Zeit als apostolischer Referent in Rom verbracht.

man in Vicenza auf das Werk des Künstlers, seine Paläste prägen das Stadtbild und sein Teatro Olimpico beherbergt den ersten überdachten Theaterbau der Neuzeit.

Das größte Meisterwerk Palladios aber ist die Villa Almerico Capra, genannt „La Rotonda", die Königin aller venezianischen Villen. Die vollendeten Proportionen, die würdevollen Zitate römischer Bauwerke und die einzigartige Harmonie zwischen Architektur und Landschaft verzaubern den Besucher. Der ewige Traum von Arkadien ist hier Realität geworden.

und wollte mit seiner Villa die architektonischen Ideale der Antike wiederbeleben. „Vielleicht hat die Baukunst ihren Luxus niemals höher getrieben", vermerkte Goethe 1786.

Rechts oben:
Das Anatomische Theater in Padua gilt als erster anatomischer Lehrsaal der Welt. Dank der venezianischen Liberalität genossen die Mediziner von Padua große wissenschaftliche Freiheit.

Rechts Mitte:
Der Palazzo della Ragione an der Piazza delle Frutta in Padua war im Mittelalter Rathaus der Stadt. Die Arkadengänge wurden im 15. Jahrhundert nach einem Brand angefügt.

Rechts:
Palladios Teatro Olimpico in Vicenza. Das Theater diente einem Kreis elitärer und gebildeter Adeliger als spektakuläre Kulisse zur Selbstinszenierung.

Rechts:
Tiepolos Deckenfresko im Ballsaal der Villa Pisani feiert die Apotheose der Familie Pisani. Das Werk des venezianischen Meisters entstand zwischen 1760-62.

Unten:
Die Villa Pisani ist wie eine überreife Frucht des venezianischen Spätherbstes. Während die Republik vom Untergang bedroht war, ließ sich der Doge Alvise Pisani am Brentakanal eine Villa errichten, die in ihrer Größe und luxuriösen Ausstattung alle anderen Paläste des Venetos in den Schatten stellen sollte.

Oben:
Der barocke Garten der Villa Pisani ist vom großen Vorbild Versailles inspiriert.

Links:
Die friedlichen Seerosen des Gartens haben schon längst das dunkelste Kapitel der Villa Pisani vergessen, als es hier 1934 zum verhängnisvollen Treffen zwischen Benito Mussolini und Adolf Hitler kam.

Mit seinen Kanälen und zierlichen Brücken gleicht Chioggia einem Venedig en miniature. Die Stadt am südlichen Ende der Lagune war im 14. Jahrhundert der Schauplatz erbitterter Kämpfe zwischen Venedig und Genua.

Unten:
Das sanfte Licht des Sonnenaufgangs verwandelt die Parklandschaft am Brentakanal in ein Arkadien. Hierhin zog es den venezianischen Adel, wenn er der Enge und der Feuchtigkeit Venedigs überdrüssig war. Aus Kaufleuten wurden dann Gutsherren.

Ganz unten:
Die Silhouette der Villa „La Malcontenta" am Brentakanal.

Ganz unten:
Der Garten der Villa Valmarana bei Vicenza. Hierhin zog sich im Sommer der venezianische Rechtsgelehrte Giovanni Maria Bertolo zurück.

Seite 132/133:
Immer ist der Abschied von Venedig voller Melancholie, doch wir vertrauen dem Dichterwort: „Mein Venedig versinkt nicht!"

REGISTER

134

S. Michele

Cimitero
S. Michele

ISOLA DI
S. MICHELE

Canale delle Navi

Canale delle Fondamenta Nuove

Canale di San Marco

CCHIERE

S. Alvise

Madonna dell'Orto
Pal. Minelli
Pal. Mastelli
Pal. Contarini d. Zaffo
eo Ebraico

Sacca d.
Miscericordia

Ex Conv. S.
Maria d. Servi

S. Maria d.
Valverde

S. Maria Assunta/
Gesuiti

Pal. Vendramin
Calergi

Pal. Lezze

S. Caterina

Pal. Zen

nelli

Pal. Soranzo

Pal. Barbarigo

d.

Ca'Pesaro/
rchi Gall. d'Arte
Moderna

Pal. Boldu

Gall. Franchetti

Ca'd'Oro

SS. Apostoli

S. Lazzaro
ai Mendicanti

Casa Favretto

Pal. Querini

Pal. M. d. Colonne

S. Cassiano

Ca'da Mosto

S. POLO

Fabbriche
Vecchie

Teatro
Malibran

SS. Giovanni
e Paolo

S. Maria d. Pianto

Campo
SS. Giovanni
e Paolo

S. Francesco
d. Vigna

Campo
S. Polo

Pal. d. Dieci Savi

Fond. d. Tedeschi

Ospedaletto

S. Polo

Silvestro

Ponte d. Rialto

Campo
S. Maria
Formosa

S. Giustina

di C.
oni

Pal. Pisani
Moretta

Pal. Bembo

Pal. Dolfin Manin

S. Salvador

Pal. Grimani

S. Lorenzo

Canal Grande

Pal. Farsetti

S. Maria
Formosa

Scuola d. S. Giorgio
d. Schiavoni

Darsena
Grande

ISOLA DI
S. PIETRO

Pal. Grimani

Pal. Corner
Spinelli

Cinema Rossini

S. Giovanni
Novo

Museo dell'Ist.
Ellénico

Museo
Fortuny

Pal. Contarini
d. Bovolo

Arsenale

al. Mocenigo

Campo
S. Angelo

Proc.
Vecchie

Basilica di
S. Marco

S. Zaccaria

S. Pietro
di Castello

Pal. Grassi

S. Stefano

S. Fantin

Piazza
S. Marco

S. Maria d. Pietà

MARCO

Museo
C. Correr

Museo
Archeologico

Molo Pal. Ducale

Pal. Prigioni

Riva d. Schiavoni

Museo Storico
Navale

S. Francesco
di Paola

Ca'd. Duca

S. Maria
d. Giglio

Pal. Pisani

Pal. Giustinian

Riva d.
Ca'di Dio

S. Biagio

Riva d. Sette Martiri

CASTELLO

Pal. Barbaro

Pal. Contarini

S. Giuseppe
di Castello

Canal Grande

ontarini
al Zaffo

Pal. Dario

Dogana da Mar

Coll. Peggy
Guggenheim

Basilica d. S. Maria
d. Salute

Biennale
Internazionale
d'Arte

S. Agnese

DORSODURO

Campo
S. Giorgio

S. Giorgio
Maggiore

ISOLA DI
S. ELENA

ISOLA DI
S. GIORGIO
MAGGIORE

decca

Canale della Grázia

Parco delle
Rimembranze

del

Zitelle

Fond. della
Croce

go

Fond. S. Giacomo

Teatro Verde

ISOLA DELLA
GIUDECCA

Chiesa d.
Redentore

Der Fotograf

Max Galli lebt als Reisefotograf in St. Moritz in
der Schweiz. Seine Bilder sind in zahlreichen Bild-
bänden, Kalendern und Reportagen veröffentlicht.
www.maxgalli.com

Der Autor

Klaus Hillingmeier lebt und arbeitet als Redakteur
in Nürnberg. Er hat bereits zahlreiche Bücher zu
verschiedenen Reisethemen veröffentlicht, wobei
Italien einen Schwerpunkt seiner Arbeit bildet.

*Die Fassaden
des Canal Grande
im Abendlicht.*

Impressum
Genehmigte Lizenzausgabe für
Verlagsgruppe Weltbild GmbH
Steinerne Furt, 86167 Augsburg
Copyright der Originalausgabe
© 2012 Verlagshaus Würzburg GmbH & Co. KG
© Fotos: Max Galli
© Texte: Klaus Hillingmeier
Buchgestaltung: www.hoyerdesign.de
Karte: Fischer Kartografie, Aichach
Umschlaggestaltung: Büro 18, Friedberg (Bay.)
Umschlagmotive: *vorn*: fotosol/F1online
hinten: Rainer Eggstein/MEV (links);
Reinhard Eisele (Mitte); Neil Beer/Getty Images
Gesamtherstellung: Firmengruppe APPL,
aprinta druck, Wemding
Printed in the EU
ISBN 978-3-8289-3271-5

2015 2014 2013 2012
Die letzte Jahreszahl gibt die
aktuelle Lizenzausgabe an.

Bildnachweis
Alle Bilder von Max Galli mit Ausnahme von:
S. 61 unten: iStockphoto.com
S. 66 oben: iStockphoto.com/Michael Tripp
S. 67 unten: iStockphoto.com/Sheldon Kralstein